R. TROPHIMÉ
10.11.2007

EXTENSIONS
de maisons

Ouvrage publié pour la première fois en Espagne en 2006
par Carles Broto i Comerma, Barcelone, sous le titre
Great Spaces Home Extensions.

Pour l'édition française
Traduction et adaptation : Florence Asseline-Raynal
PAO : Francis Rossignol, Isabelle Véret
Photogravure : Stéphanie Henry, Chantal Mialon

ISBN : 2-84416-506-0
Numéro d'éditeur : 84416
Dépôt légal : octobre 2006
Achevé d'imprimer : septembre 2006

Imprimé en Slovaquie par Polygraf Print GmbH, Presov

EXTENSIONS
de maisons

Artémis
Éditions

Sommaire

Introduction	**6**	**Introduction**
Karelse Aptroot Architects	**8**	**Maisons jumelles à Houtigehage**
Hans Gangoly	**20**	**Extension de la maison Wagner-Pirch**
Ana Rascovsky	**26**	**Salle de bains Hiawatha**
Black Kosloff Knott Pty Ltd. Architects	**36**	**Une maison comme un tableau**
Plastik Architects	**44**	**Un cube d'exception**
Spine^2	**52**	**Une surélévation graphique**
Moriko Kira architect	**64**	**La plus belle maison de la digue**
Iredale Pedersen Hook Architects	**74**	**Résidence Reynolds**
SeARCH bv-Bjarne Mastenbroek & Ad Boerman	**84**	**Une extension rythmée**
GRAFTWORKS	**94**	**L'extension d'un ranch**
Messana O'Rorke Architects	**102**	**Un havre de lumière**
Henning Stummel Architects	**108**	**Trois salles d'eau translucides**
Black Kosloff Knott Pty Ltd. Architects	**116**	**Une partition à deux voix**
Bayer Uhrig Architekten BDA	**124**	**Maison Fellner**
Ogris : Wanek Architects	**136**	**Une extension en porte-à-faux**
UCX architects	**144**	**Une copie du passé**
Reichardt Architekten BDA	**152**	**Maison P**

Introduction

L'extension d'une construction existante est un projet architectural particulier qui conduit inévitablement à se poser un certain nombre de questions sur la qualité de notre environnement, à étudier la faisabilité de l'extension et son incidence sur le volume existant et à définir avec précision les relations souhaitables entre le projet et l'existant.

Tous les bâtiments ne permettent pas de réaliser une extension, surtout en zone urbaine où la densité de la construction est forte et soumise à des réglementations strictes, particulièrement pour ce type d'opérations. Cependant, les exemples d'extension de logements en centre-ville existent en grande partie grâce à l'imagination et au savoir-faire des architectes ; les résultats sont d'autant plus surprenants que les problèmes posés semblaient impossibles à résoudre. C'est le cas de l'aménagement d'un moulin par Guido Canali ou encore de l'extension d'une maison géorgienne par Henning Stummel, qui a été dessinée pour pouvoir être démontée si nécessaire : ces deux exemples prouvent bien qu'il existe de nombreuses possibilités de création dans un environnement urbain. Lorsque la surface de la parcelle n'est pas une contrainte, ce sont alors d'autres réponses qu'il convient d'apporter sur la relation entre le bâti existant et l'extension, envisagée comme une continuité formelle ou une rupture totale entre les deux volumes. Ces deux directions opposées sont clairement illustrées par le projet de Karelse Artroot, qui reprend la volumétrie de la maison contiguë, et le projet d'Iredale Pedersen Hook qui invente un vocabulaire architectural sans aucune référence avec l'existant.

Cet ouvrage présente des projets illustrant ces deux extrêmes ainsi que de nombreuses prises de position intermédiaires, qui n'en sont pas moins intéressantes. Quel que soit le projet, situé en ville ou à la campagne, résidence principale ou secondaire, construit dans un jardin, un patio, un grenier, un entrepôt, qu'il concerne la création d'une maison entière ou d'une simple salle de bains, chacune de ces extensions est décrite avec précision : des plans et des explications techniques permettent de comprendre le processus de mise en œuvre, de la conception à la réalisation.

Pour chaque projet, les architectes, mondialement connus, apportent leurs commentaires sur les choix de leur parti constructif. Cet ouvrage est un outil de travail précieux pour les professionnels, les étudiants en architecture et en décoration, ainsi que pour les particuliers qui découvriront de nombreuses sources d'inspiration pour la création d'une extension.

Maisons jumelles à Houtigehage

Architecte : **Karelse Aptroot Architects**
Photographe : **Jim Ernst, KAP Service**
Situation : **Houtigehage, Pays-Bas**

Cette ancienne ferme, transformée en habitation, comporte plusieurs bâtiments implantés sur une vaste parcelle dans la campagne verdoyante du nord des Pays-Bas. Une extension a été créée pour y loger une maison d'amis, avec un coin cuisine et une salle de bains privative, reliée au bâtiment principal par un couloir vitré qui sert également d'entrée. Pour les architectes, cette nouvelle construction a été conçue comme un archétype, une synthèse de tous les volumes existants sur la propriété.

Chacune des constructions disséminées sur la parcelle comporte ses propres caractéristiques, une forme particulière, des matériaux spécifiques. Tenant compte de ce constat, l'extension invente un nouveau modèle de toiture à deux versants et s'habille de cèdre rouge, matériau complémentaire des briques, des tuiles mécaniques et du chaume déjà présents sur les autres volumes. L'extension n'entre pas en conflit avec la ferme ; il se produit plutôt une mise en résonance, un effet miroir dans lequel chacun des deux bâtis dialogue avec l'autre : ils se mettent mutuellement en valeur. L'extension est entièrement enveloppée de fines lames de cèdre, créant une peau tantôt pleine, tantôt ajourée pour laisser passer la lumière naturelle. Deux volumes intermédiaires, comme deux boîtes habillées de zinc, servent de liaison entre les deux « maisonnettes » de bois et entre l'extension et la ferme d'origine. Au fil du temps, le bois, le zinc, le chaume et le gravier vont s'harmoniser dans des tonalités grisées homogènes.

Pour réaliser la trame de bois, les architectes ont choisi du cèdre rouge, une essence imputrescible. Les lames ont été débitées sur quartier, laissant apparaître les cernes de croissance du cèdre sur la plus grande face de chaque lame. Ce type de coupe permet de les utiliser en toiture et leur confère un aspect décoratif plus marqué. Les lames peuvent être amenées à se voiler sous l'action des intempéries, ce qui leur conférera une apparence irrégulière sans compromettre la résistance de la structure.

© KAP Service

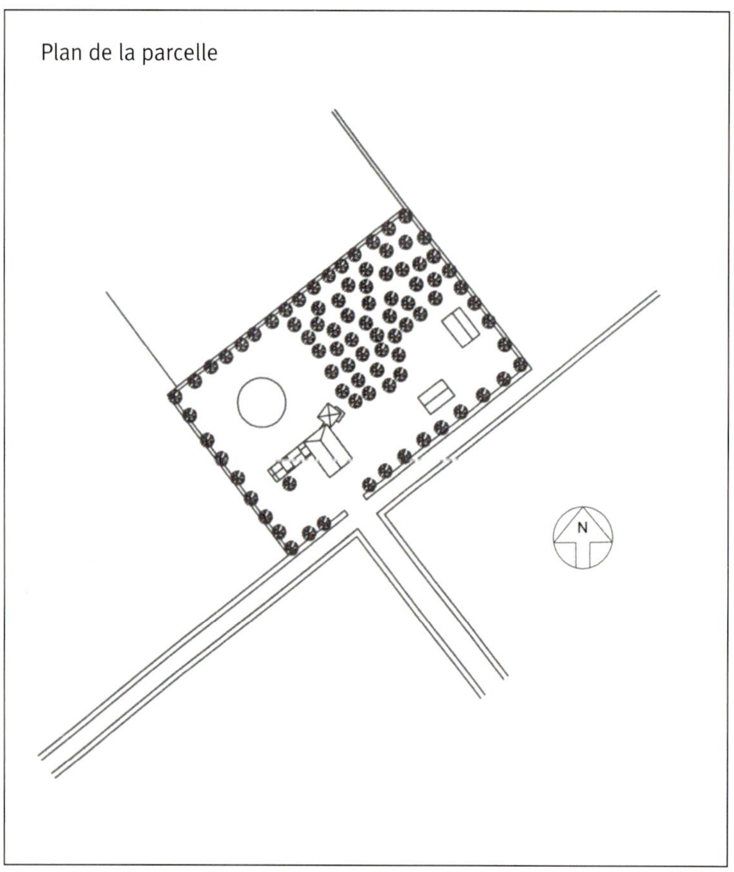

© KAP Service

Plan

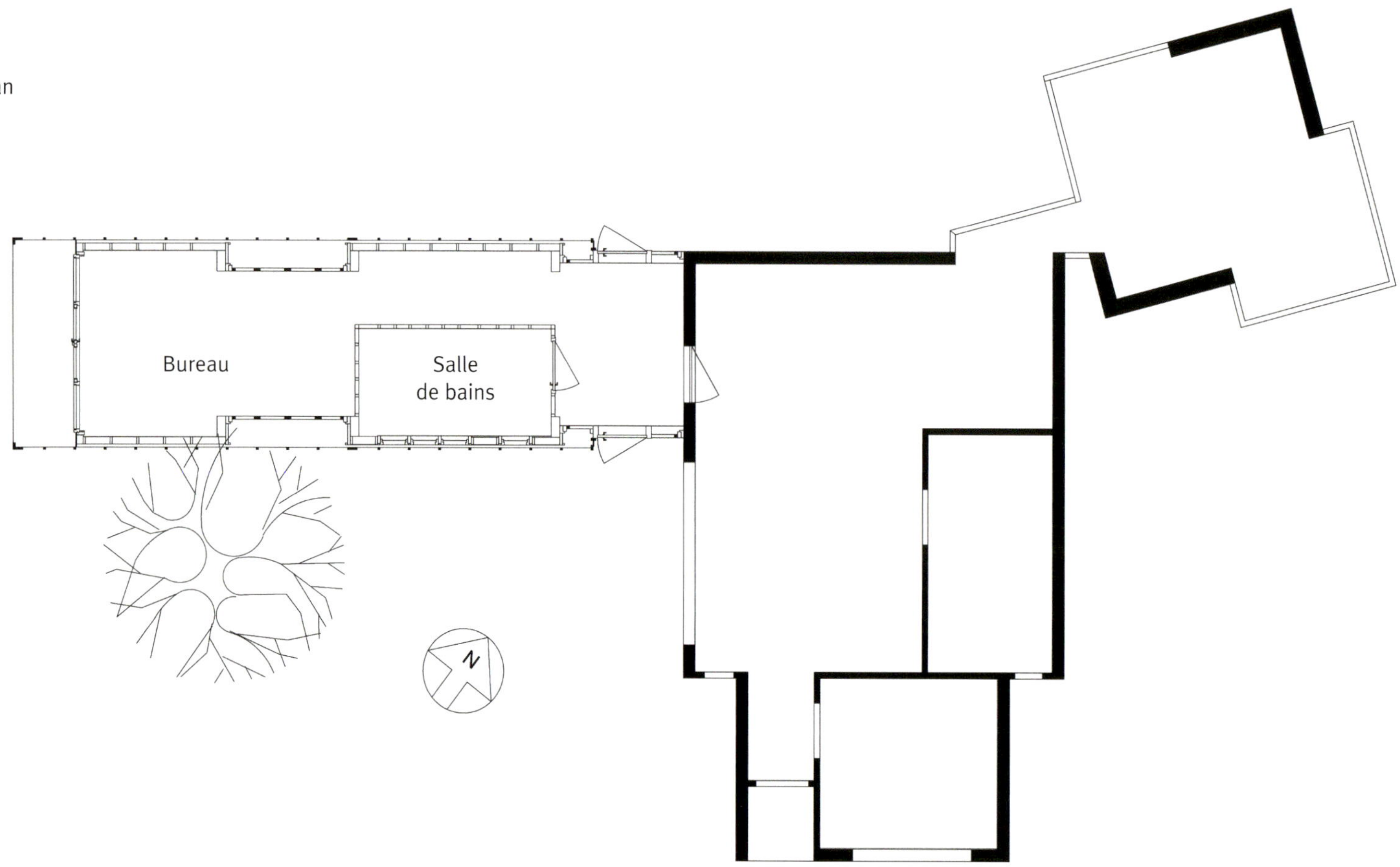

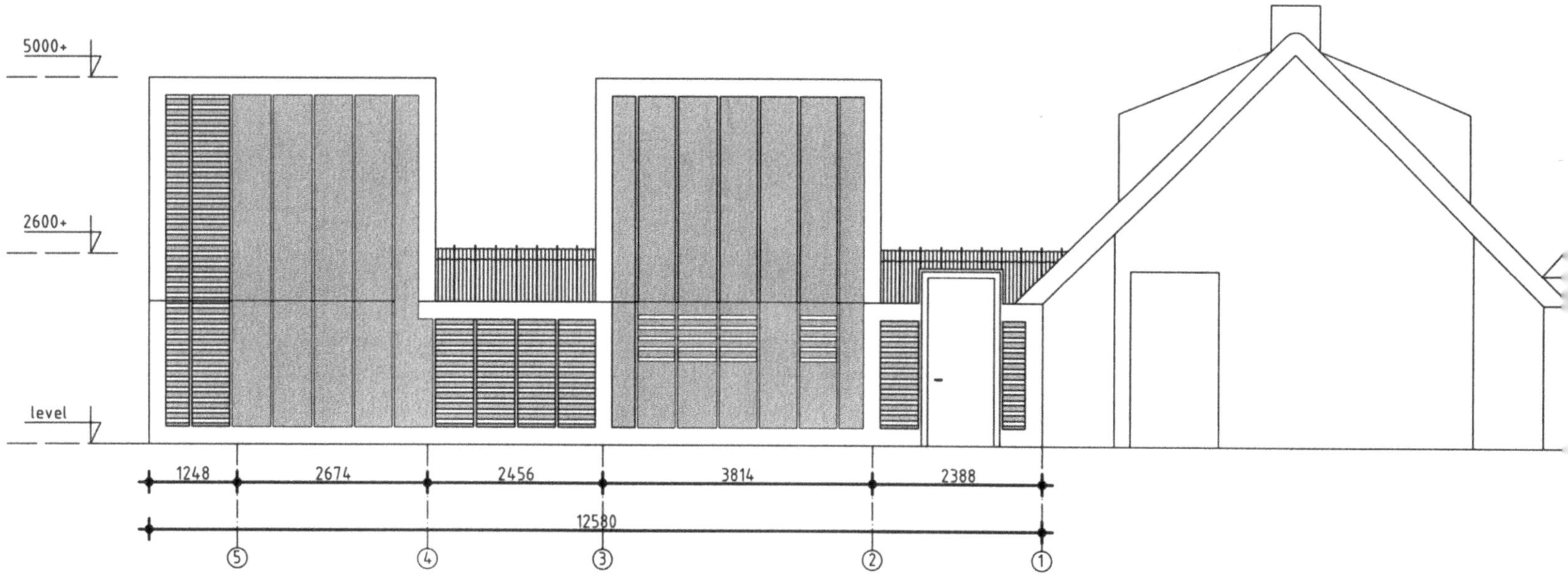

Façade sud-est

Coupe sud-est

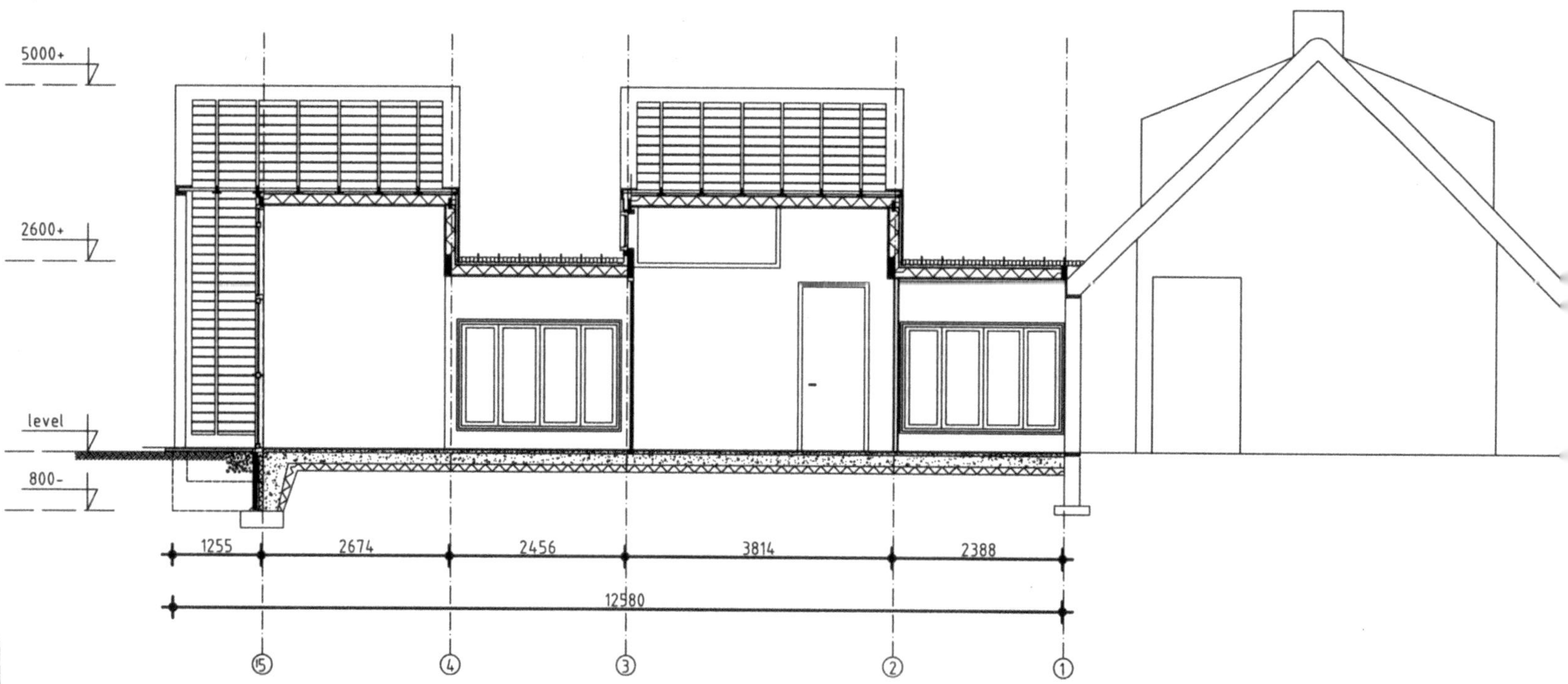

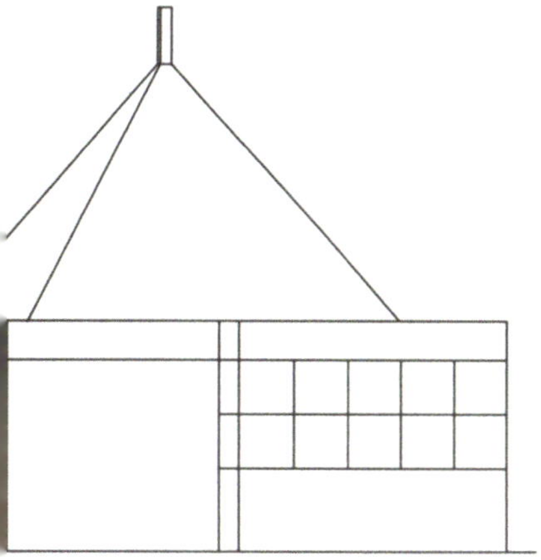

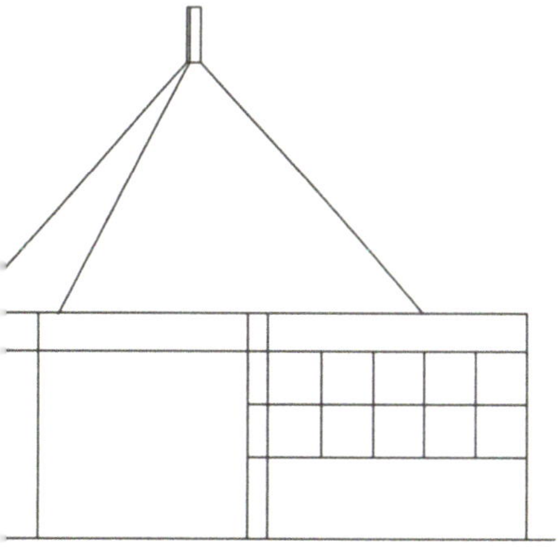

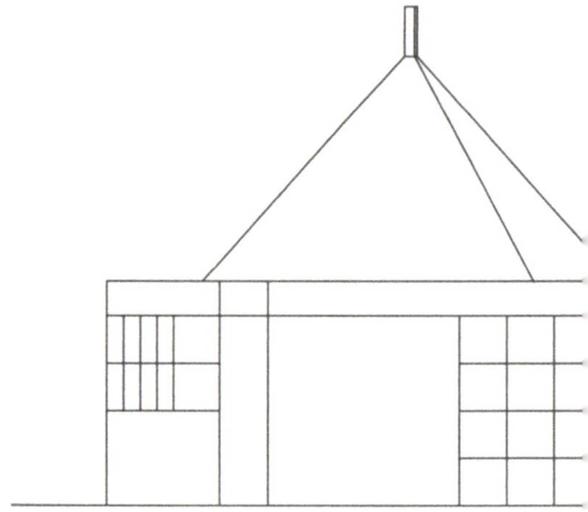

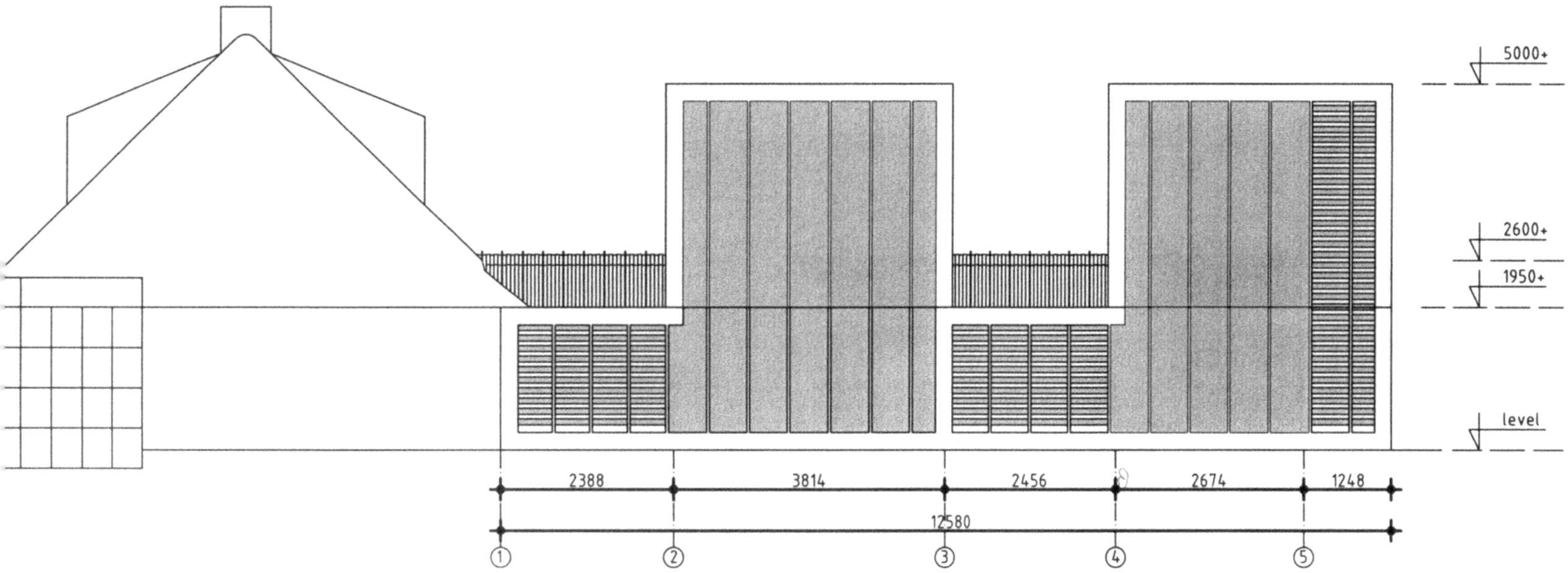

Coupe nord-ouest

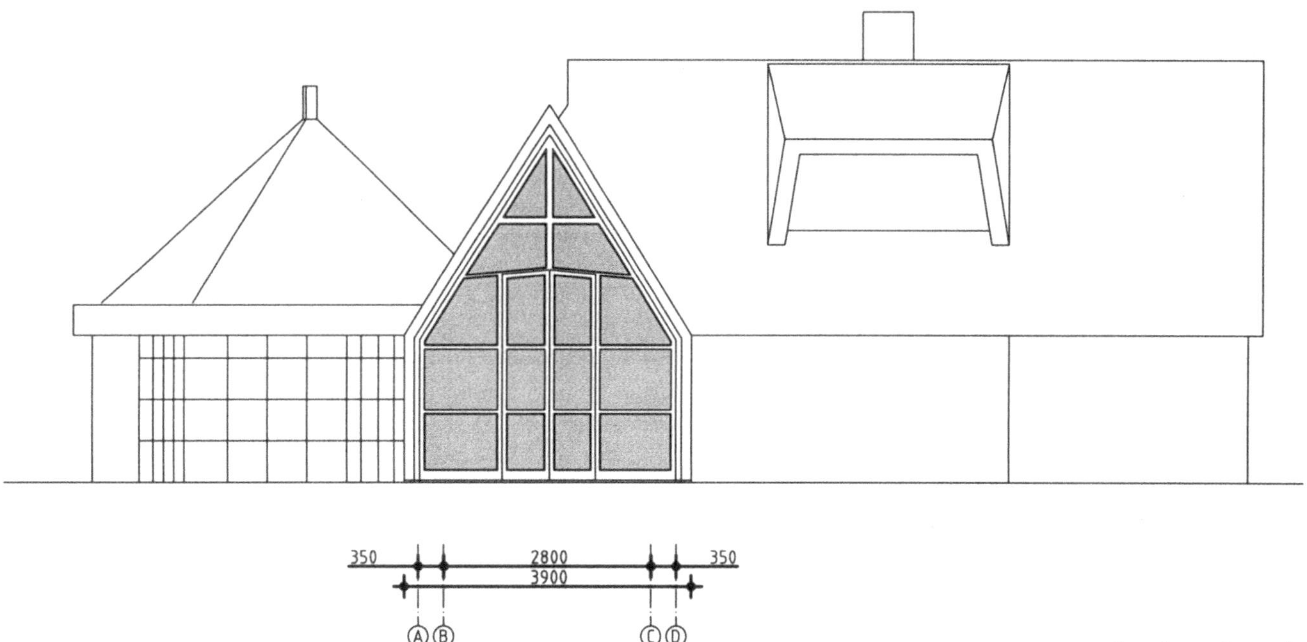

Façade nord-ouest

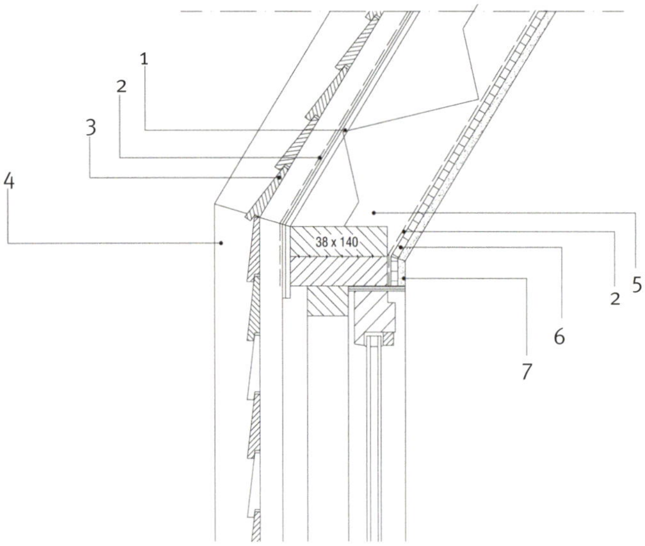

Coupe verticale sur l'habillage et la fenêtre
1 – contreplaqué épaisseur 12 mm
2 – pare-vapeur
3 – lames de cèdre rouge 7/17 x 80 mm
4 – montant cèdre rouge
5 – isolant laine minérale
6 – doublage placoplâtre
7 – enduit de finition

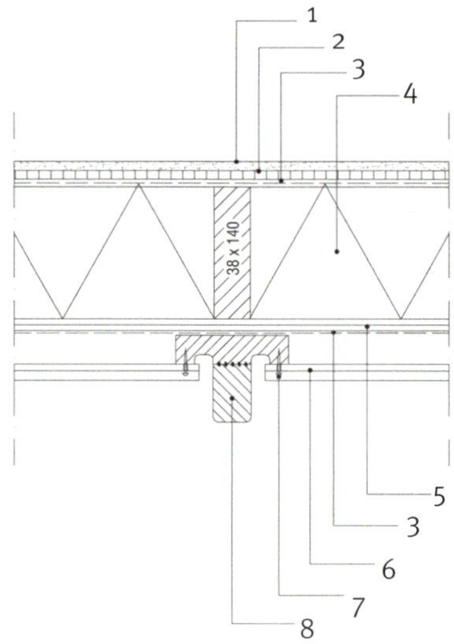

Coupe horizontale sur les profilés d'assemblage
1 – enduit de finition
2 – doublage placoplâtre
3 – pare-vapeur
4 – isolant laine minérale
5 – contreplaqué épaisseur 12 mm
6 – lames de cèdre rouge 717 x 80 mm
7 – vis torx inox
8 – profilé de fixation des lames de cèdre

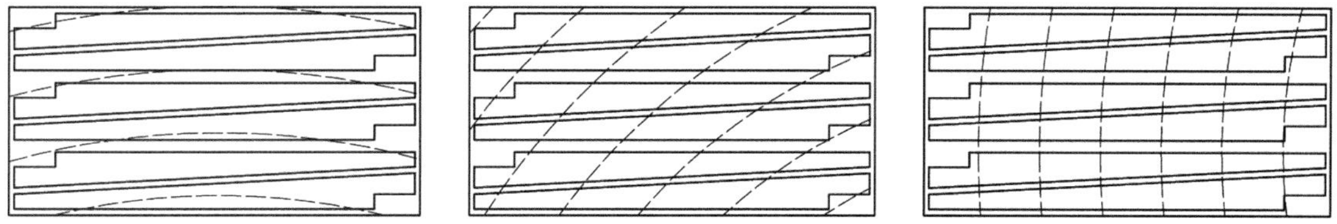

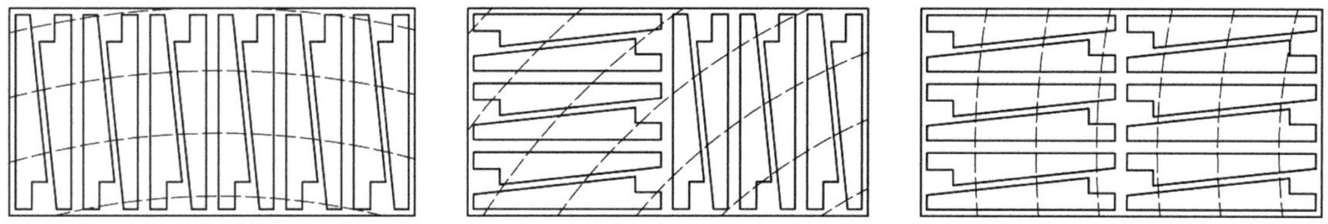

Pour créer ce projet innovant, les modules d'habillage du volume ont été usinés après débit sur dosse, débit sur quartier ou débit tangentiel selon la destination de chaque pièce de cèdre. Les lames ont été débitées sur quartier, laissant apparaître les cernes de croissance du cèdre sur la plus grande face de chaque lame. Ce type de coupe permet de les utiliser en toiture et leur confère un aspect décoratif plus marqué.

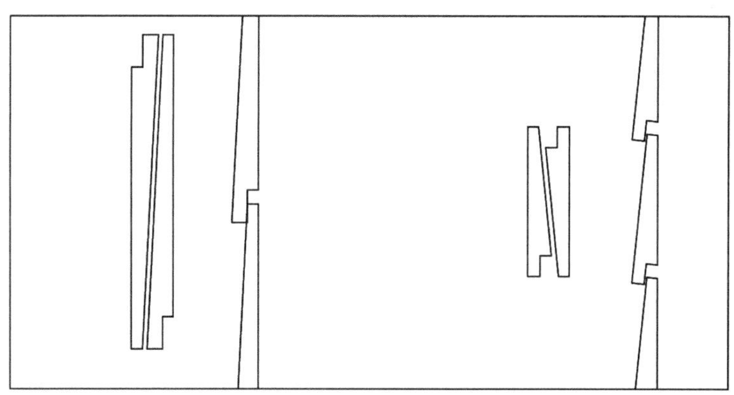

Extension de la maison Wagner-Pirch

Architecte : **Hans Gangoly**
Photographe : **Paul Ott**
Situation : **Neudauberg, Autriche**

Trois générations habitent dans cette petite ferme de Neudauberg : la mère du propriétaire dans l'aile nord-ouest, le propriétaire et sa famille dans l'aile sud-est. Pour répondre au programme fixé par le client, de nombreuses modifications ont été apportées sur le bâtiment existant : une nouvelle entrée, une ouverture sur la façade sud, une restructuration de la cour centrale pour optimiser son utilisation et un agrandissement notable du séjour et de la surface de détente. L'accès à la cour a été modifié et réduit, d'anciennes granges ont été transformées en garage et un nouveau hall d'entrée est couvert par une toiture-terrasse en béton. À l'est de la cour intérieure, un couloir vitré mène à l'entrée de la maison située dans l'aile opposée. Ce couloir a une double fonction : il protège les arrivants des intempéries pour rejoindre la maison et permet de profiter de la cour, réaménagée en un vaste et beau jardin, pendant toute l'année. L'extension la plus remarquable du projet concerne le séjour, situé au sud de la maison : un volume longiligne a été implanté le long de l'ancienne façade. Ses parois entièrement vitrées sont complétées par un éclairage zénithal, longue bande de verre interrompant la toiture-terrasse pour diffuser la lumière au plus profond de la pièce. Un parquet clair recouvre le sol et se prolonge à l'extérieur pour former une terrasse, ce qui intensifie le sentiment de perméabilité entre le dedans et le dehors. La tonalité gris pâle du plafond répond avec douceur au parquet et crée une atmosphère contemporaine et empreinte de sérénité.

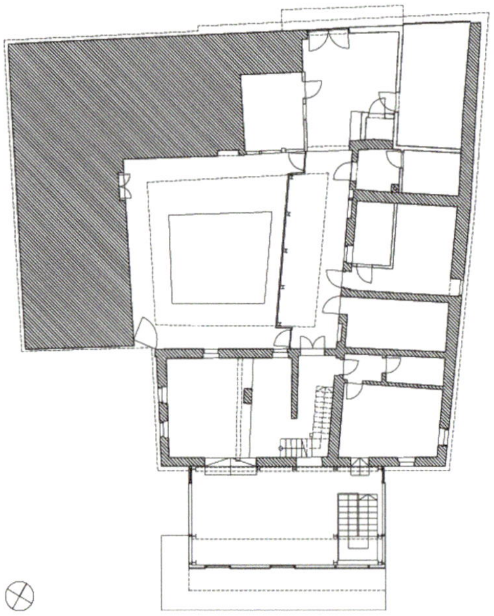

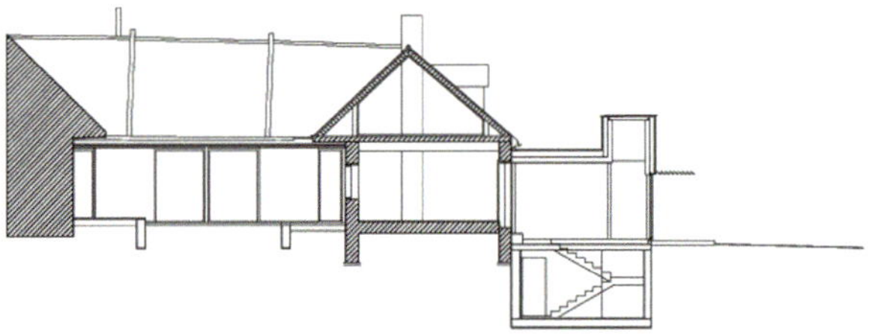

Salle de bains Hiawatha

Architecte : **Ana Rascovsky**
Photographe : **Ana Rascovsky**
Situation : **Tigre, Buenos Aires, Argentine**

Cette extension a permis de créer une salle de bains pour une maison du XIXe siècle, bâtie au milieu d'une épaisse forêt. Une passerelle relie la salle de bains à la terrasse qui entoure la maison. Ce projet, créé en pleine nature, s'intègre dans la luxuriance de la végétation.

La structure de l'extension est réalisée en bois, sur pilotis. La salle de bains est implantée dans une boîte de verre qui crée une relation maximale avec l'extérieur. Sur les deux longues façades du parallélépipède, des volets de bois pivotent sur leur axe pour doser l'intensité de la lumière, les ombres, le degré d'intimité et pour cadrer les vues sur la forêt. Ouverts, entrouverts ou fermés : les volets modulent l'ambiance de la salle de bains ; ils créent des jeux de lumière et de perspective, démultiplient le volume à l'infini. Ils font également écho à la terrasse et aux volets de la maison d'origine, comme une interprétation résolument contemporaine des procédés constructifs traditionnels.

Plan de la maison

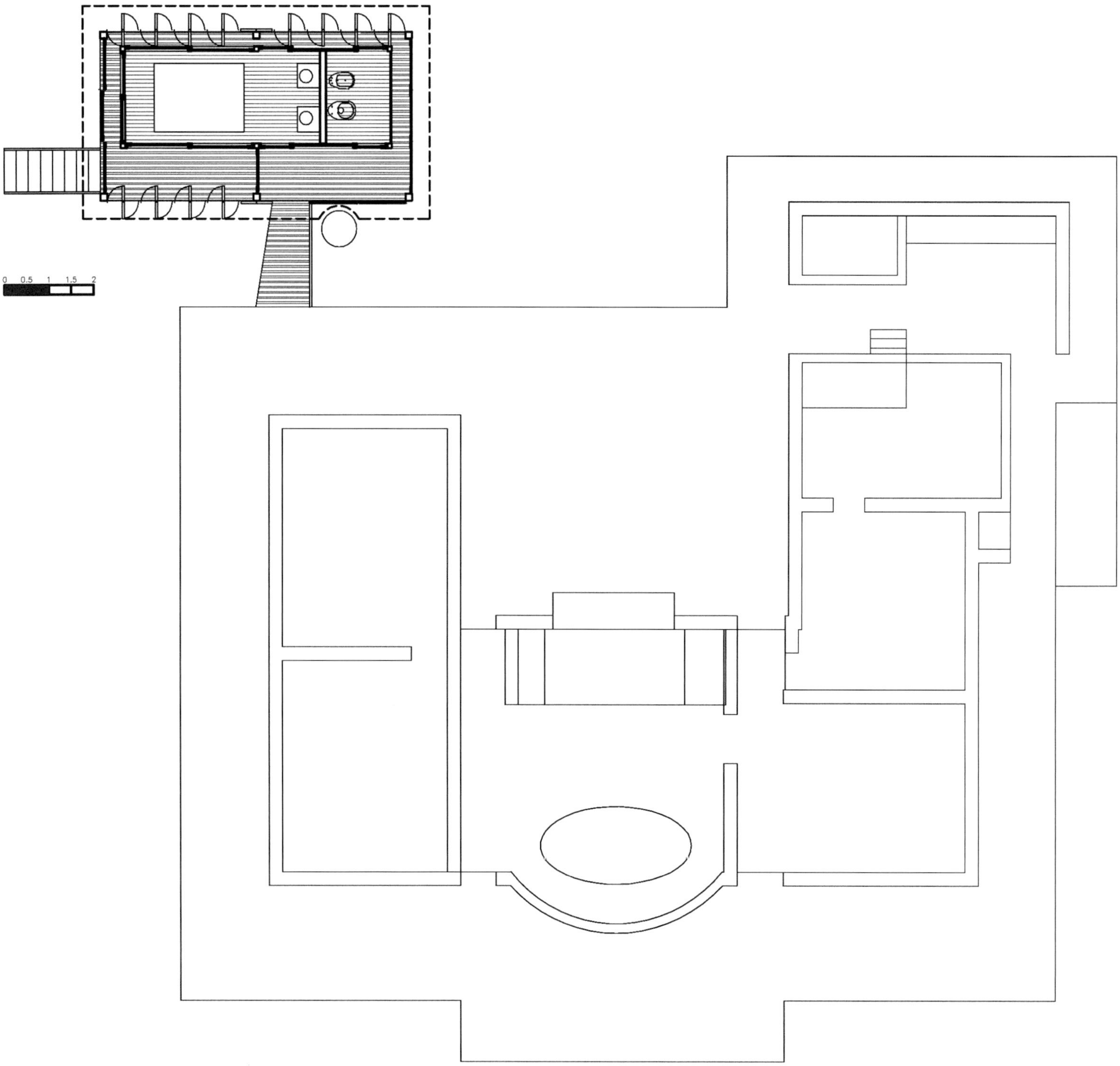

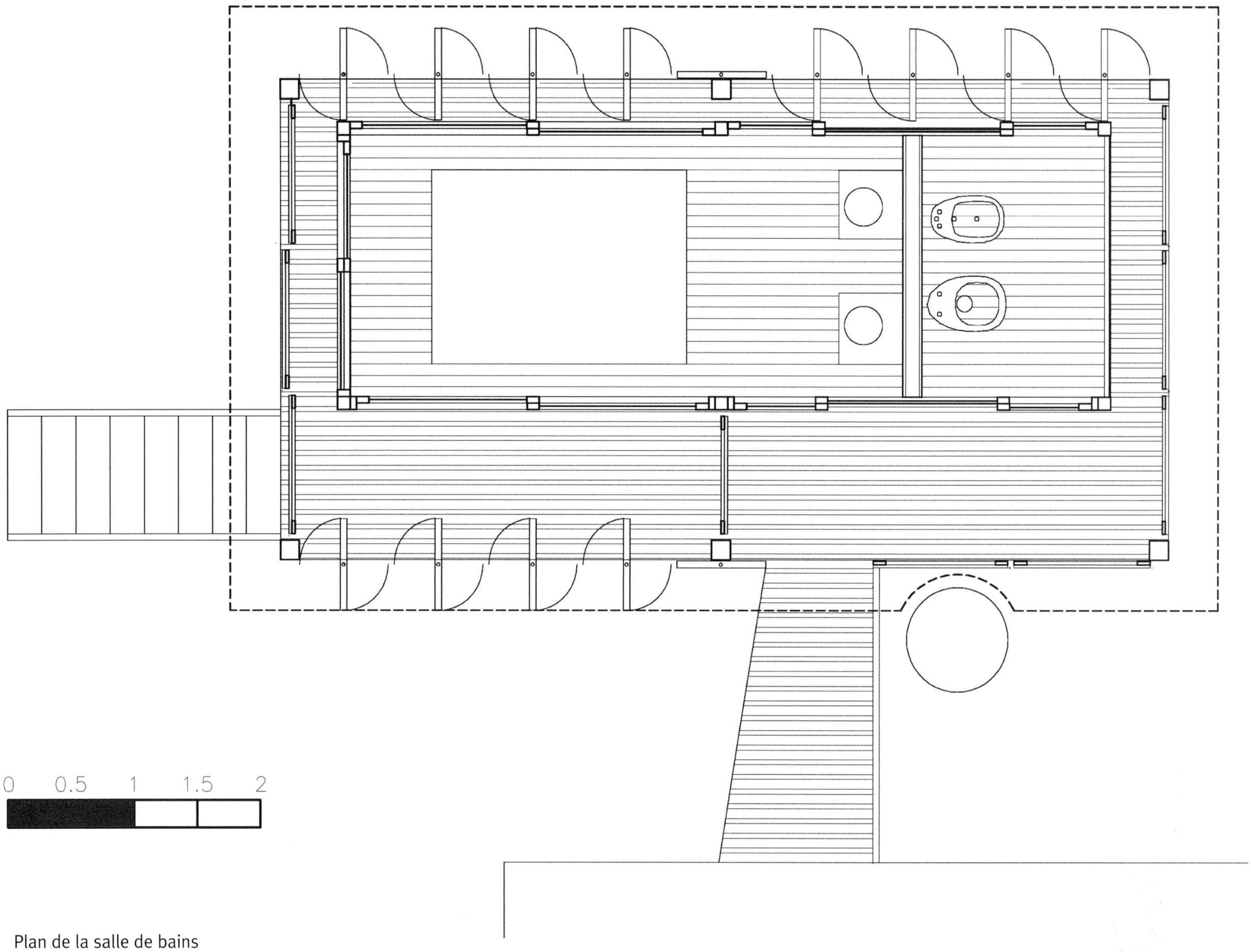

Plan de la salle de bains

Coupes

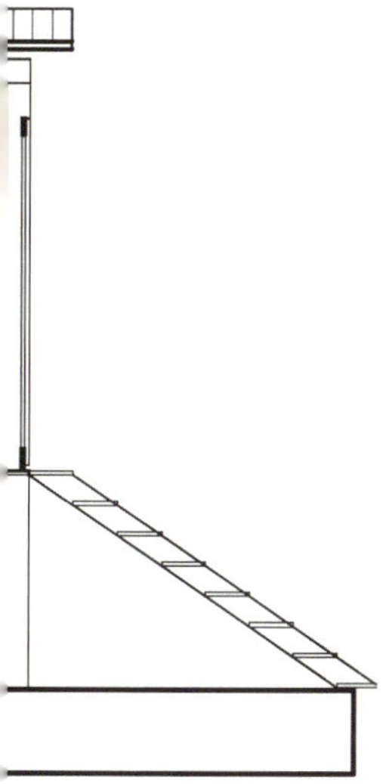

Façades

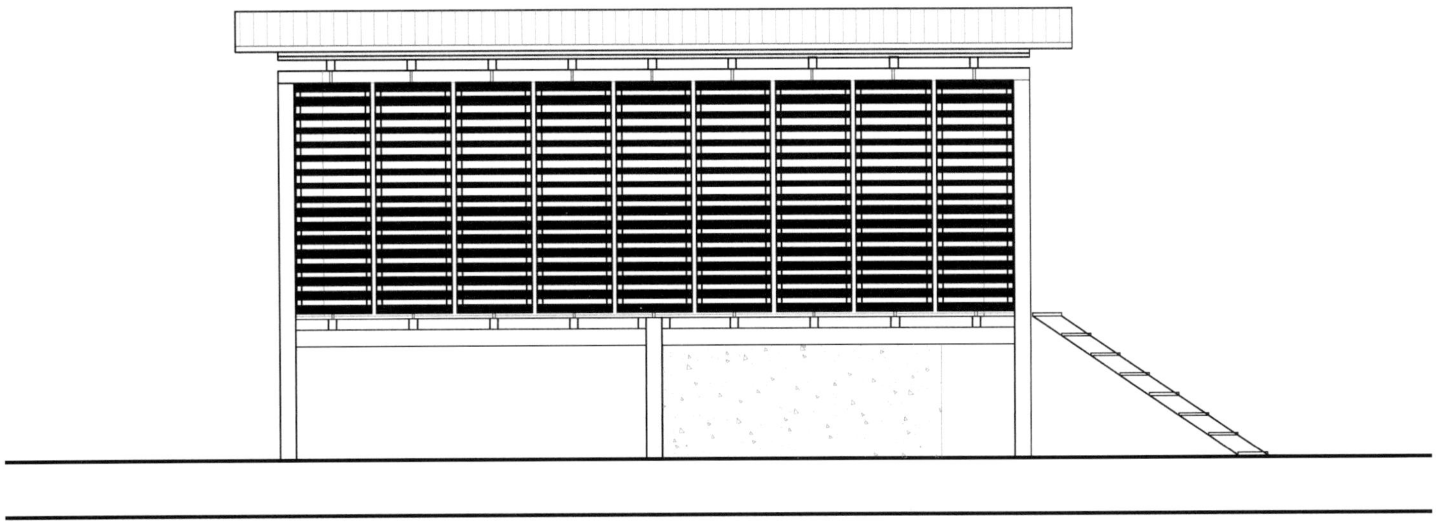

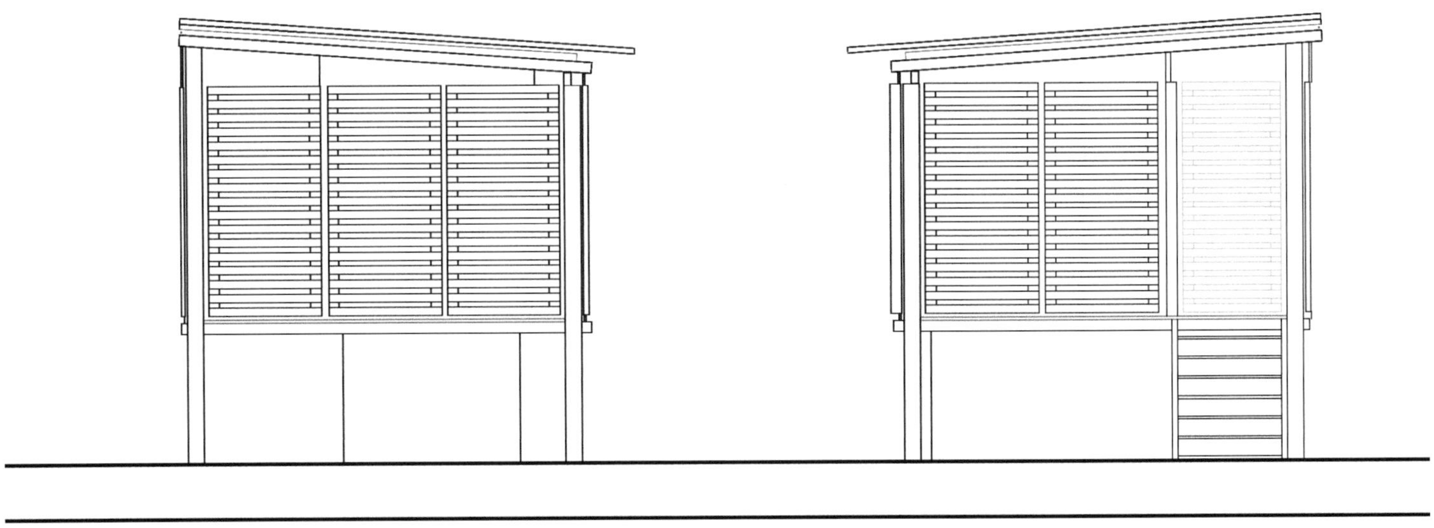

Une maison comme un tableau

Architecte : **Black Kosloff Knott Pty Ltd. Architects**
Photographe : **Peter Bennetts**
Situation : **Toorak, Victoria, Australie**

Déjà propriétaire d'une maison de style victorien, un jeune couple s'est retrouvé à l'étroit à la naissance des enfants ; l'opportunité d'acquérir le cottage voisin leur a permis d'agrandir leur habitation. Leur ambition était de créer un nouvel espace, un séjour qui permettrait de relier les deux bâtiments. Exposées plein sud, les façades sur rue ne devaient subir aucune modification, mais l'intérieur devait être perceptible comme un seul et même logement.

Les façades d'origine ont été conservées ; la baie rectangulaire, avec son store d'occultation en bois, est le seul indice permettant de deviner que les deux bâtiments ont été réunis par un couloir. À l'arrière, côté jardin, un nouveau volume – à la fois séjour, salle à manger et salon – enjambe les deux maisons et est mis en valeur par un encadrement théâtral qui ceinture les baies vitrées ouvertes face au nord.

L'étroit espace libre entre les deux maisons a été planté pour souligner l'intégration des espaces extérieurs et intérieurs ; le couloir reliant les deux maisons est implanté en retrait des façades, pour conserver visuellement l'impression depuis la rue de deux bâtiments distincts. Ce parti pris a permis de créer un couloir à l'emplacement le plus approprié pour distribuer les fonctions de l'habitation tout en formant cette sorte de « joint creux », perceptible mais discret, sur l'extérieur. Le projet n'a apporté aucune modification de la lisibilité des façades sur rue.

Depuis la rue, le projet présente une volumétrie en continuité avec la maison victorienne d'origine. L'extrémité nord de la parcelle est bordée par une ruelle. Une palissade de bois, placée en limite de propriété, dissimule l'extension et préserve l'intimité du grand jardin situé à l'arrière de la maison.

L'intervention la plus remarquable du projet concerne le séjour, encadré comme un tableau de maître et matérialisant la réunion des deux maisons et leur unique destination face au jardin.

Le client avait envisagé de démolir entièrement les deux constructions pour les remplacer par une seule résidence : le projet, tout au contraire, a conservé les bâtiments, leur structure et la majeure partie de la distribution. Une attention particulière a été accordée à la réduction des dépenses énergétiques nécessitées par le fonctionnement de la maison ; entre autres équipements, le chauffe-eau est alimenté par des panneaux solaires.

Pour répondre aux souhaits de toute la famille, la distribution de la maison permet de se retrouver dans le séjour ou la cuisine et de s'isoler dans les parties plus privatives, la séparation entre l'espace/parents et l'espace/enfants étant nettement délimitée.

Depuis la rue, le projet présente une volumétrie en continuité avec la maison victorienne d'origine. La baie rectangulaire, et son store de bois, est le seul indice permettant de deviner que les deux bâtiments ont été réunis par un couloir.

La relation entre l'intérieur et l'extérieur est complexe. Côté rue, le jardin et la cour se prolongent dans l'intervalle existant entre les deux maisons, puis se déploient le long des façades arrière jusqu'au fond de la parcelle.

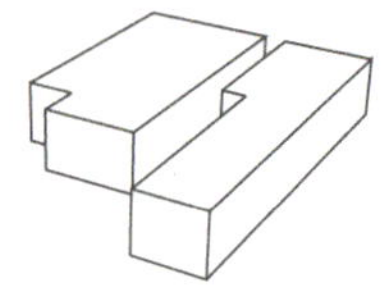

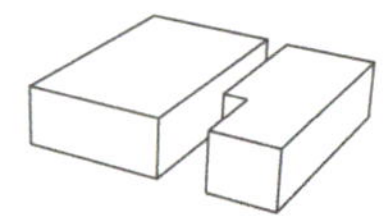

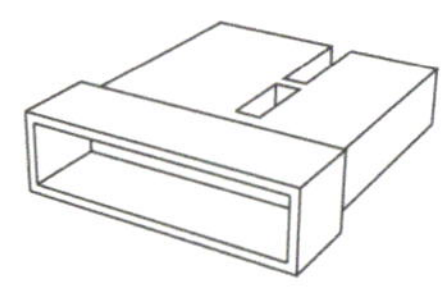

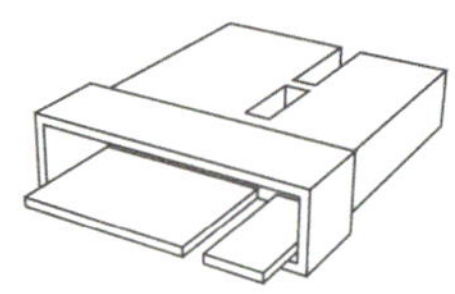

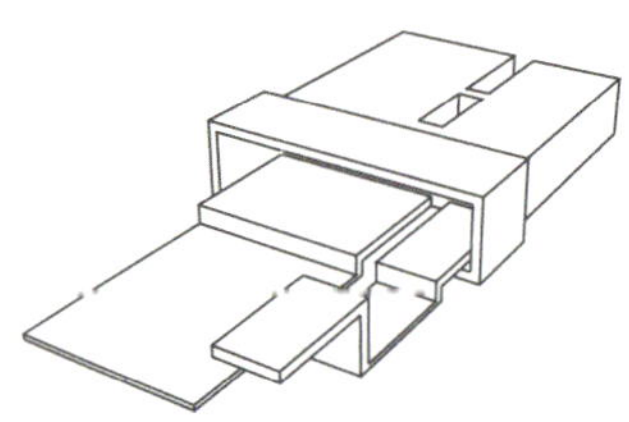

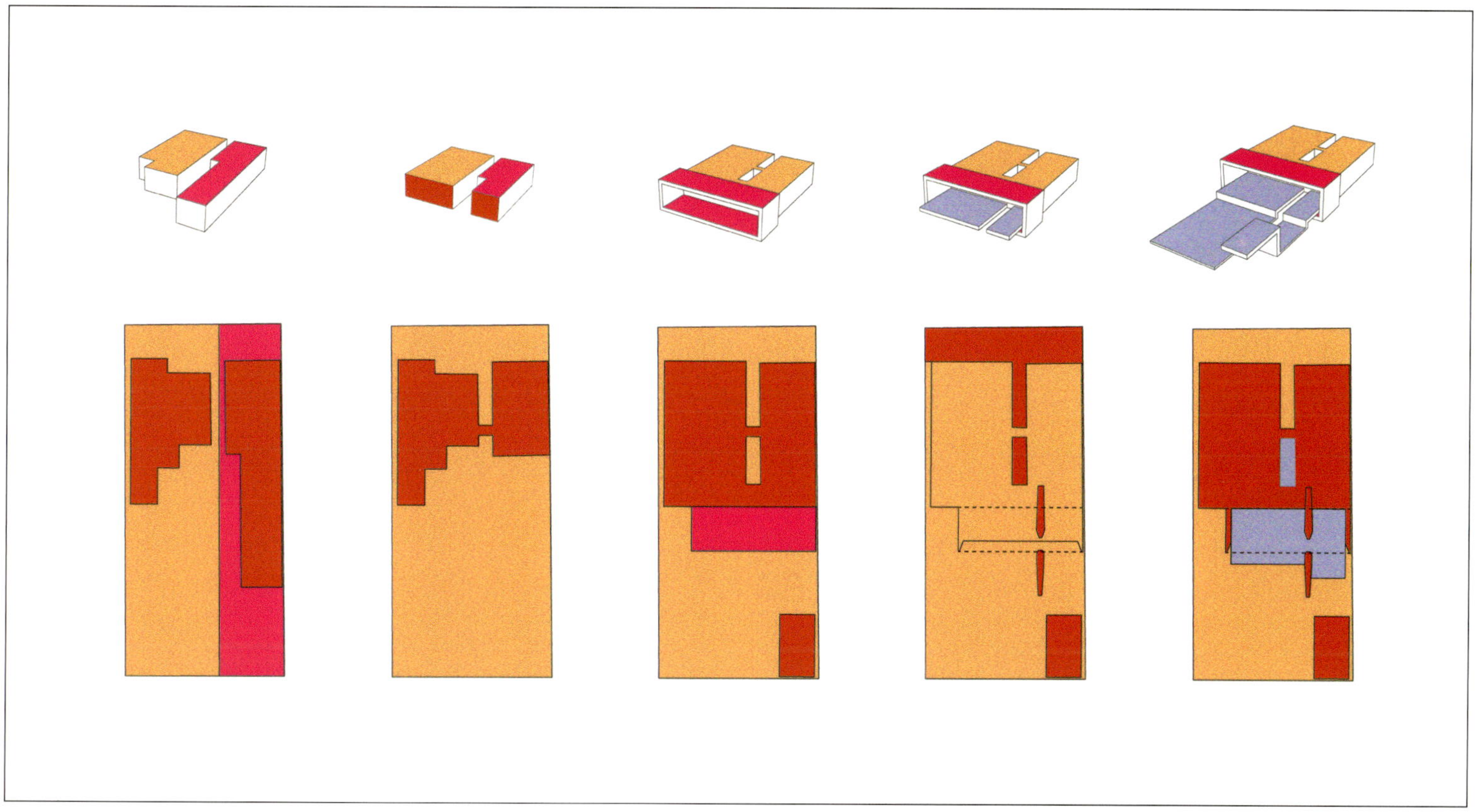

Un cube d'exception

Architecte : **Plastik Architects**
Photographe : **Edmund Sumner**
Situation : **Londres, Grande-Bretagne**

Comme l'explique Richard Weston, l'extension de ce pavillon de banlieue est l'un des rares exemples d'intervention architecturale contemporaine et symbolique du rêve de nombreuses familles : disposer de mètres carrés supplémentaires. Le projet crée une surface suffisamment réduite pour échapper au permis de construire, ce qui lui permet d'exister en toute discrétion, suivant le proverbe « Moins on en dit, mieux on se porte ».

Malheureusement, le design et l'architecture étant à la mode, les médias se sont tournés vers de talentueux architectes pour présenter leurs projets les plus récents et innovants, dont cette extension fait partie, ce qui a déclenché une polémique. Cette pièce lambrissée de cèdre et conçue par l'équipe de Plastik Architects a été source de scandale dans le quartier de Palmer's Green, au nord de Londres. Parfait exemple des extensions fleurissant dans toute la banlieue, la boîte elle-même n'est que la partie visible d'une transformation plus radicale du rez-de-chaussée du pavillon : des murs ont été abattus pour agrandir les pièces, la cuisine a été ouverte et un îlot central remplace les habituels rangements muraux. La cuisine est dorénavant le cœur de la maison ; spacieuse, lumineuse, elle permet de surveiller les jeux des enfants dans le jardin. Le garage a été modifié et comporte désormais une douche et des rangements. La salle à manger est délimitée par un meuble de rangement à double accès. L'avancée du nouveau volume sur le jardin, sur près de 5 mètres de profondeur, a également permis de créer un petit salon dans le prolongement de la cuisine.

L'extension s'affirme avec personnalité contre le pavillon ancien trop conventionnel ; il joue avec le bardage et les baies vitrées qui cassent la lisibilité formelle trop stricte du cube. La construction a été soigneusement étudiée, son ossature et les matériaux choisis privilégient les énergies renouvelables. La porte coulissante est conçue comme un module du mur côté jardin et peinte en rouge côté cuisine. Le cube est posé sur un soubassement qui se détache du jardin par deux marches. Cette réalisation n'est pas sans évoquer le vocabulaire architectural classique, à l'époque où un soubassement s'appelait un stylobate. Comme le souligne Richard Weston, la citation et la réinterprétation d'éléments classiques dans un contexte contemporain est implicite dans le nom même de son agence, Plastik Architects faisant référence à l'origine grecque du mot plastique qui signifie « donner forme ».

Mais ce ne sont pas là les seules allusions. D'autres sont disséminées par petite touche dans le projet : suivant la tradition qui veut qu'un invité se conforme aux usages de son hôte, la fenêtre de l'étage comporte un pan coupé, comme le bow-window du pavillon. La « boîte » qui abrite la vie de la famille rappelle les premiers téléviseurs, objet de rêve pour les premiers banlieusards. Comme toute une génération d'architectes, l'équipe de Plastik Architects joue librement avec les différents langages architecturaux et multiplie les clins d'œil.

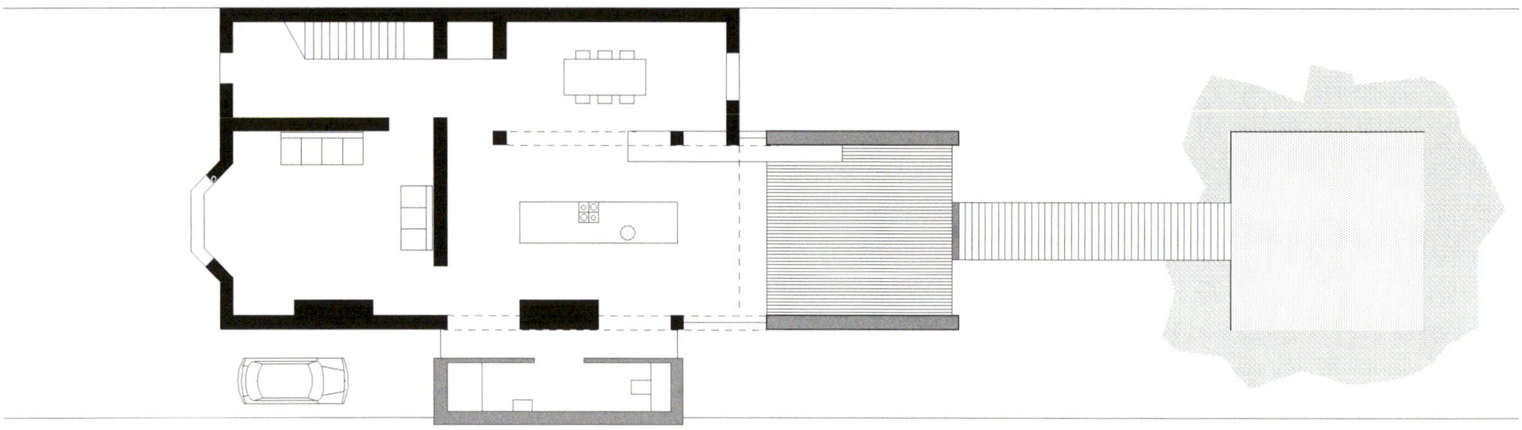

Plan de l'extension

Plan d'origine

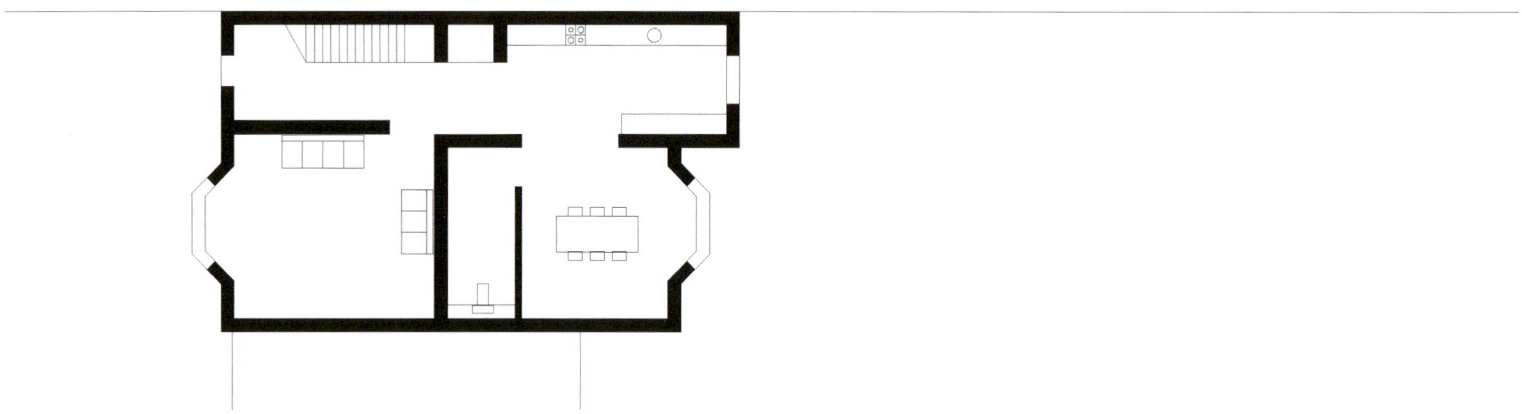

Façade est

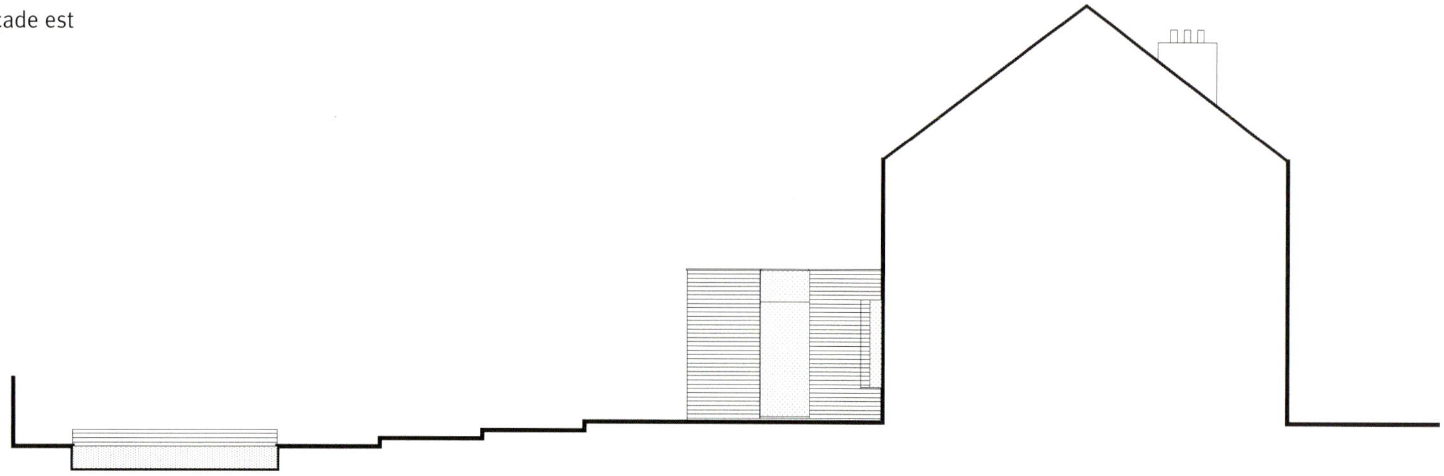

Façade ouest

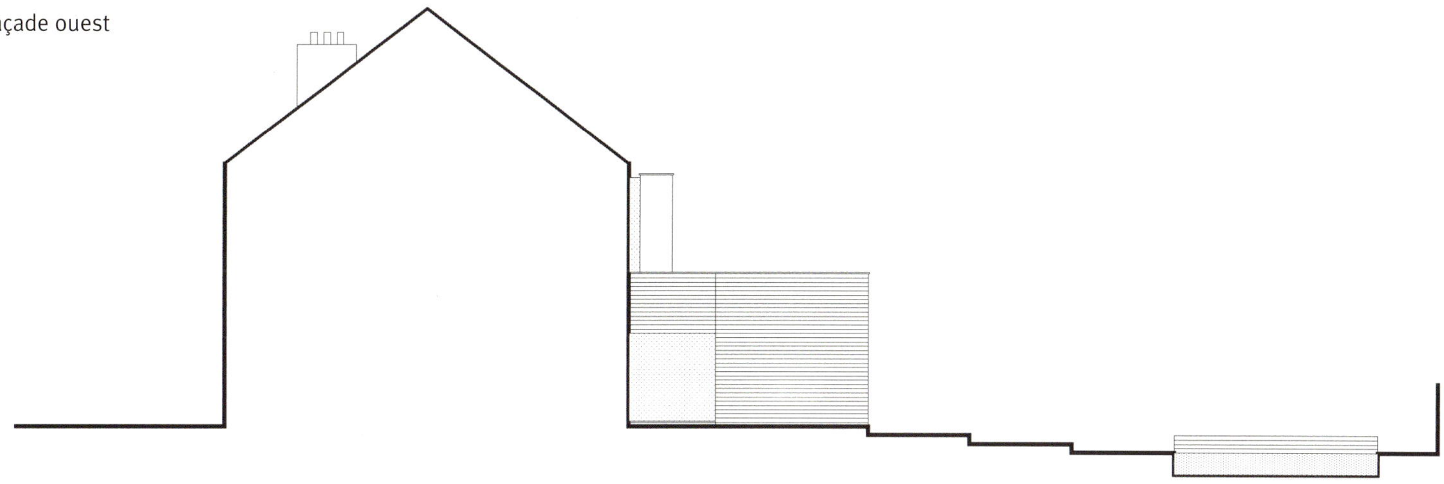

Façade sud

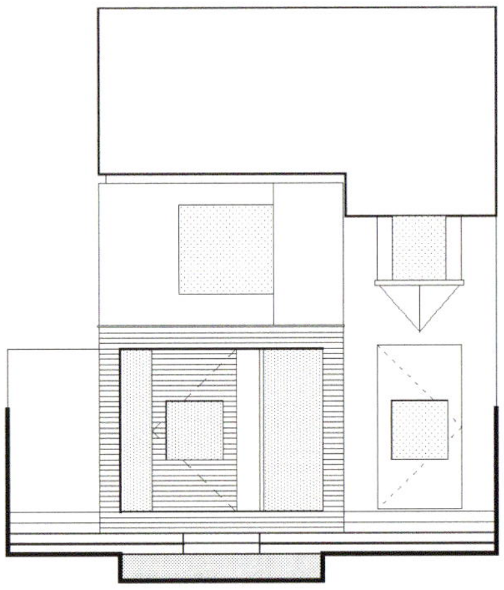

Une surélévation graphique

Architecte : **Spine²**
Photographe : **Oliver Heissner**
Situation : **Hambourg, Allemagne**

Situé en plein centre de Hambourg, ville en perpétuel mouvement, le quartier de Schanzen est essentiellement le quartier des cafés, des bars et des boutiques, et les logements y sont rares. Il est impossible d'y trouver une parcelle encore constructible. La seule possibilité consiste à surélever un immeuble existant pour créer de la surface habitable. L'équipe de Spine² a mis à l'épreuve son imagination et son sens créatif pour inventer cette extension innovante sur le toit d'un bâtiment construit dans les années 1950. L'extension a permis la création de deux logements. Le plus grand est implanté en duplex et bénéficie d'une vaste terrasse surplombant un parc. On peut y savourer le plaisir de jardiner en plein ciel. L'appartement est spacieux et très peu cloisonné.

Le choix d'une structure en bois et de matériaux peu onéreux a permis aux architectes de fournir le maximum de surface habitable en dépit d'un budget limité. Les finitions sont malgré tout soignées, comme en témoigne le parquet qui habille tous les sols. Les volumes sont remarquables : pas moins de 3,40 mètres sous plafond et des ouvertures toute hauteur sur la façade principale.

La façade sur rue est l'élément le plus remarquable du projet : elle alterne les modules concaves et convexes qui forment une liaison visuelle forte entre les deux niveaux. Les architectes se sont inspirés à la fois de l'abstraction du mouvement moderne et de la sensualité du mouvement baroque. L'idée de mouvement est matérialisée par les courbes de la façade et s'amplifie en avançant le long du bâtiment. Les tonalités de la façade se modifient selon la position et l'angle de vue du spectateur. Le soir, les façades s'animent en projetant, comme des ombres chinoises déformées, les silhouettes des occupants sur les panneaux courbes.

La façade est revêtue d'une « peau » constituée de panneaux sandwich, peu onéreux, captant la lumière et se pliant à toutes les courbes pour épouser les saillies de la construction. Ils dissimulent l'isolation thermique indispensable à la maîtrise des dépenses énergétiques du bâtiment. La réussite du projet est due aux efforts conjugués des clients, des architectes et de l'entreprise responsable de la mise en œuvre de la façade.

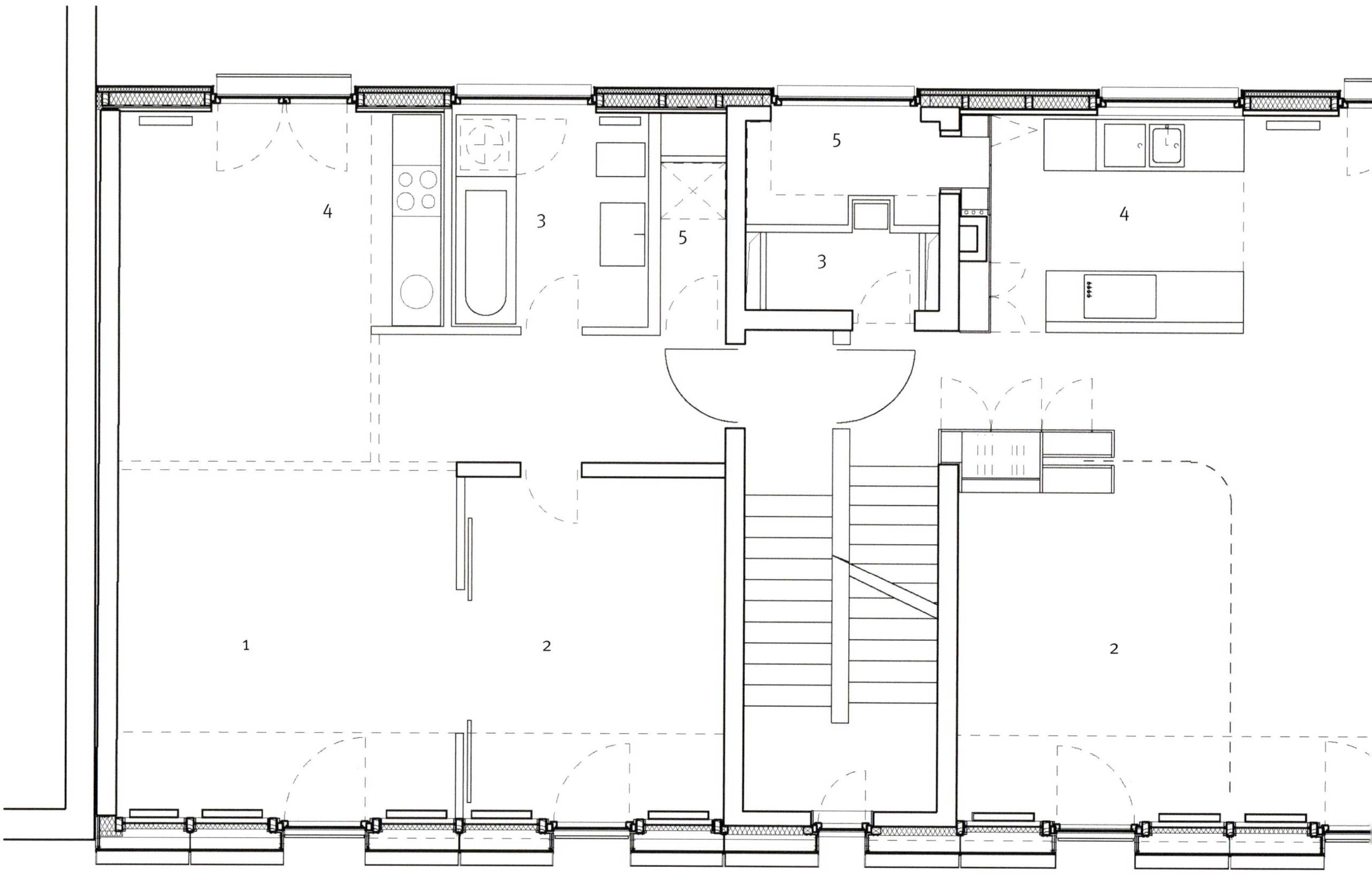
4
3
5
5
3
4
1
2
2

30
ZONE

30
ZONE

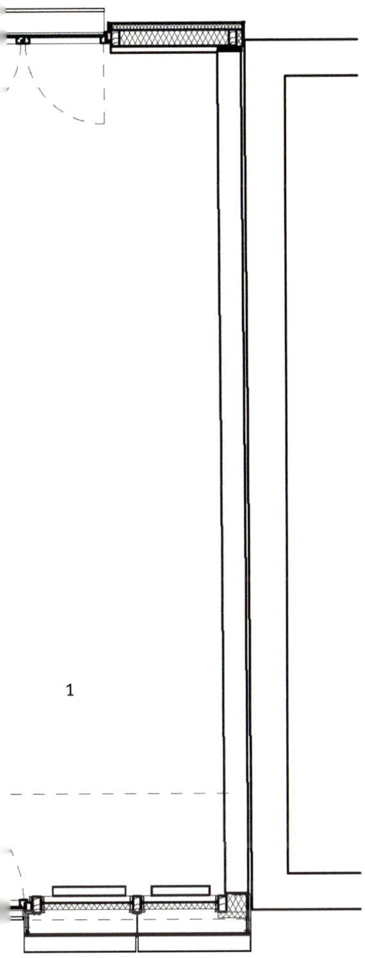

Premier niveau
1 - séjour/salle à manger
2 - chambre
3 - salle de bains
4 - cuisine
5 - rangement

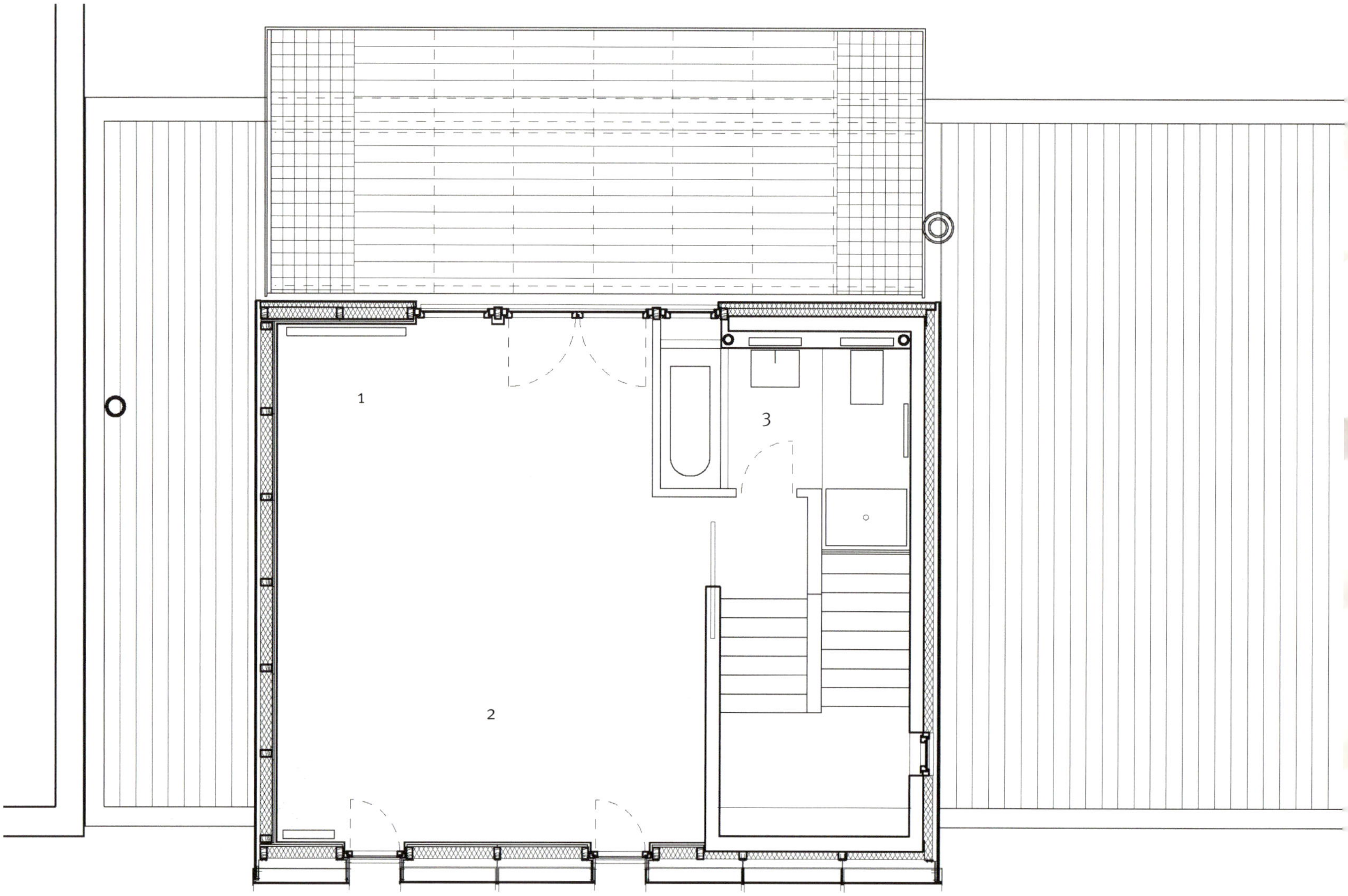
1
3
2

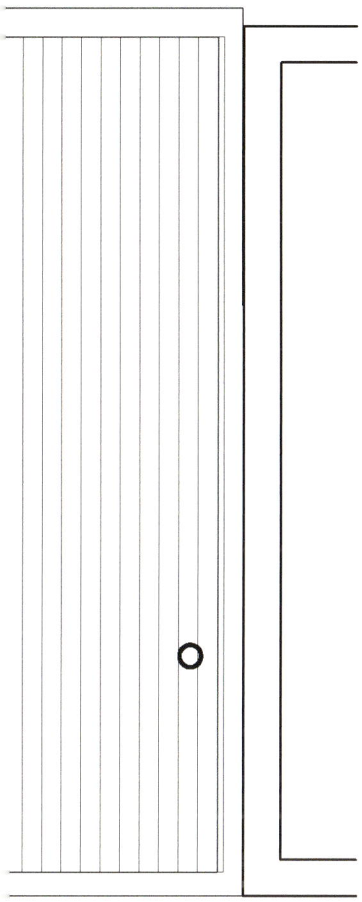

Niveau haut
1 - coin séjour
2 - chambre
3 - salle de bains

Les architectes se sont inspirés à la fois de l'abstraction du mouvement moderne et de la sensualité du mouvement baroque. L'idée de mouvement est matérialisée par les courbes de la façade et s'amplifie en avançant le long du bâtiment. Les tonalités de la façade se modifient selon la position et l'angle de vue du spectateur. Le soir, les façades s'animent en projetant, comme des ombres chinoises déformées, les silhouettes des occupants sur les panneaux courbes.

Façade sur rue

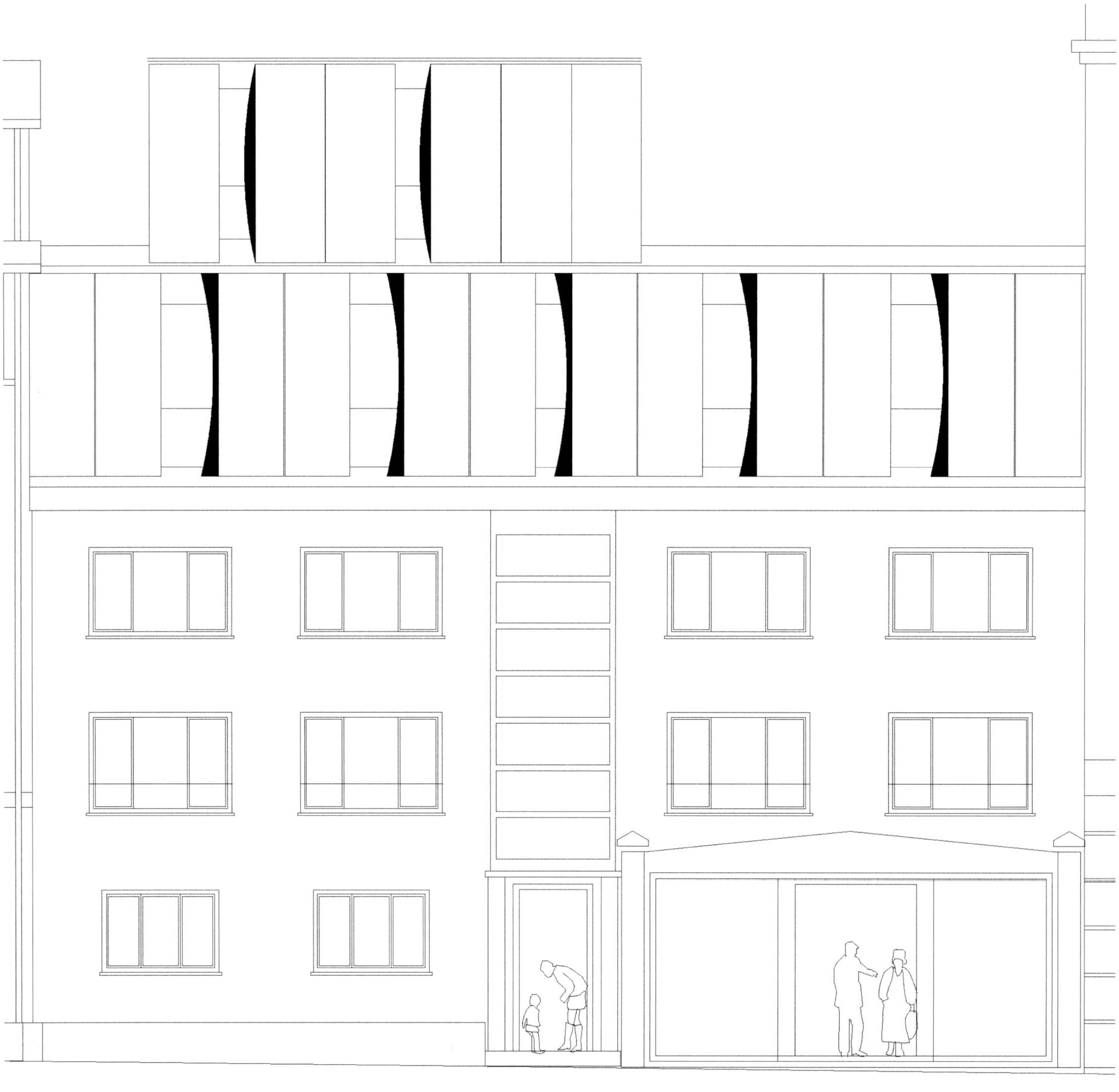

Façade arrière

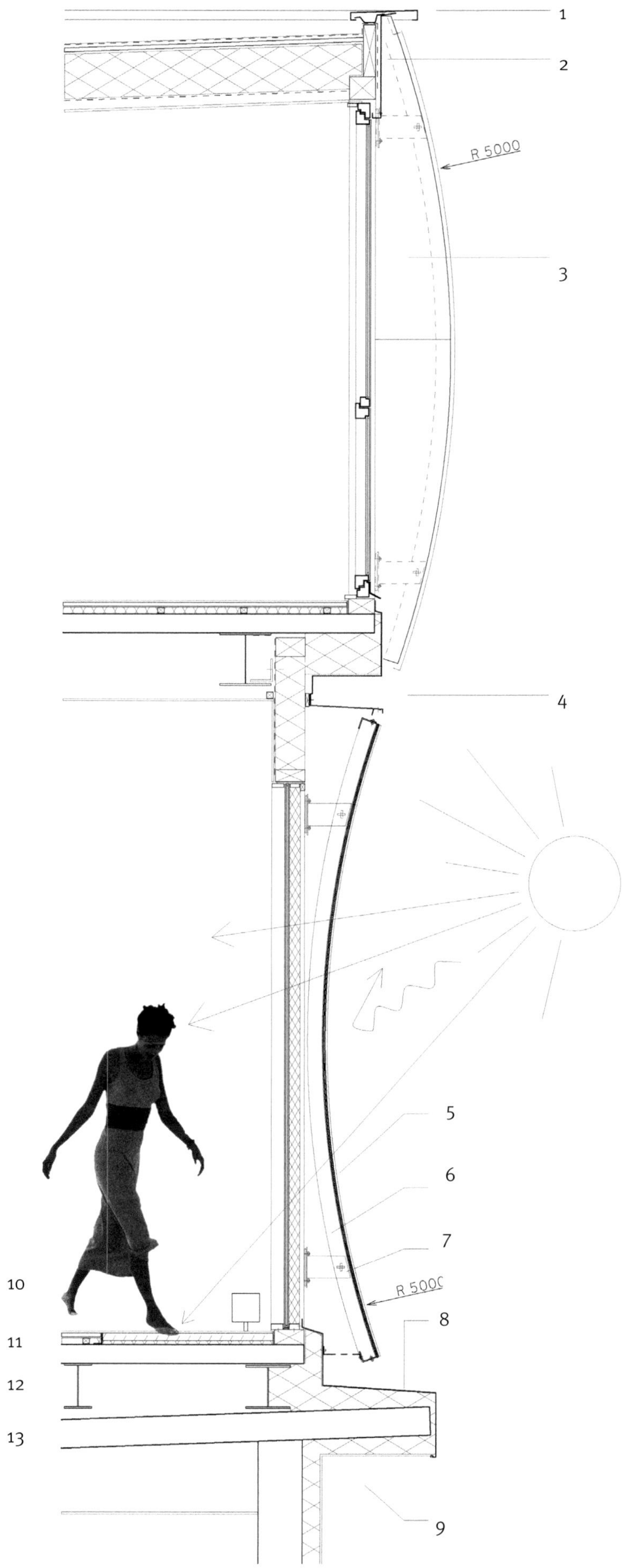

1 - cornière (alu anodisé)
2 - linteau (alu anodisé)
3 - joues (alu anodisé)
4 - linteau (alu anodisé)
5 - panneau sandwich Plexiglas translucide
6 - profilé courbe acier zingué section environ 80 x 60 mm
rayon intérieur : 4 940 mm
rayon extérieur : 5 020 mm
7 - platine acier zingué rainuré
8 - habillage de l'acrotère
9 - habillage de façade avec complexe isolant
10 - chape composite pour chauffage par le sol
11 - plancher
12 - poutre métallique
13 - ancienne limite du bâtiment

La plus belle maison de la digue

Architecte : **Moriko Kira architect**
Photographe : **Luuk Kramer, Hotze Eisma**
Situation : **Amsterdam, Pays-Bas**

Aux Pays-Bas, pays de l'eau, des digues et des polders, il existe un type de maisons traditionnel dénommé « maison de digue ». Ces maisons se trouvent à proximité d'une digue et comblent la différence de niveau entre la digue et le polder. Traditionnellement, ces maisons de pêcheurs étaient de petites entités de bois, serrées les unes contre les autres, une façade tournée vers la mer, l'autre vers la prairie. Cette maison fait partie des maisons de digue situées à Durgerdam, tout au bout de la ville d'Amsterdam. Proches de la ville, entourées d'eau et de verdure, ces maisons sont très recherchées à Amsterdam. Seul handicap, leur surface habitable est assez réduite. Ce projet a permis de donner naissance à une extension vers la prairie.

Le projet a permis de réaliser une petite pièce, séparée de la maison par un patio, mais reliée au rez-de-chaussée existant par un couloir vitré, ce qui permet à la lumière naturelle de pénétrer profondément dans chacun des volumes, ancien ou nouveau. L'espace ainsi créé est une sorte de pièce entre dedans et dehors, entre le patio et le jardin qui se déroule vers la prairie.

La maison existante a été mise à nu, dépouillée de tous les ajouts successifs pour rendre lisible chaque volume. Le séjour, accessible depuis la digue, offre des vues imprenables sur l'eau et les champs. Sous les combles, la charpente de bois supporte une toiture à deux pentes qui marque les limites d'une pièce aux proportions agréables et intimes. La salle de bains, implantée audessus du séjour, au niveau de la digue, donne l'impression de se baigner au niveau de l'eau. Le projet a pris soin de valoriser les qualités intrinsèques de la construction. La nouvelle pièce, créée sur l'emprise du jardin, prend des airs de bungalow et s'intègre parfaitement à l'ancienne maison.

Finalement, si la maison a gagné quelques mètres carrés supplémentaires, elle a surtout retrouvé son âme.

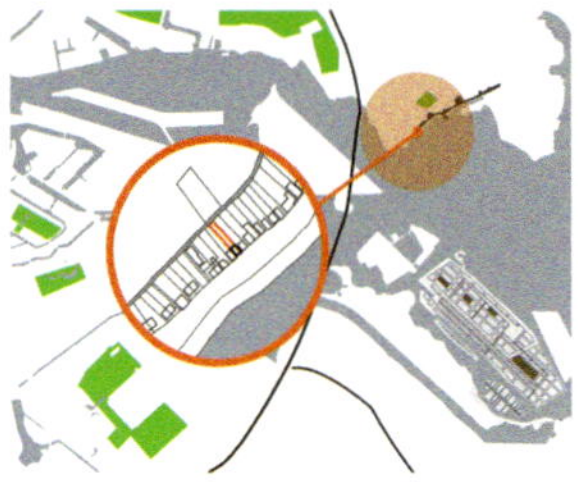

Plans de situation

Plans d'origine

1 - cuisine
2 - chambre
3 - salle de bains
4 - séjour
5 - combles

Combles

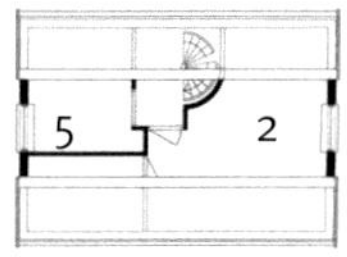

Étage

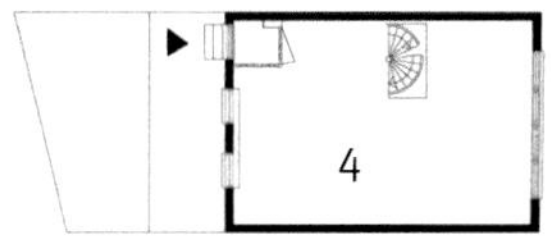

Rez-de-chaussée

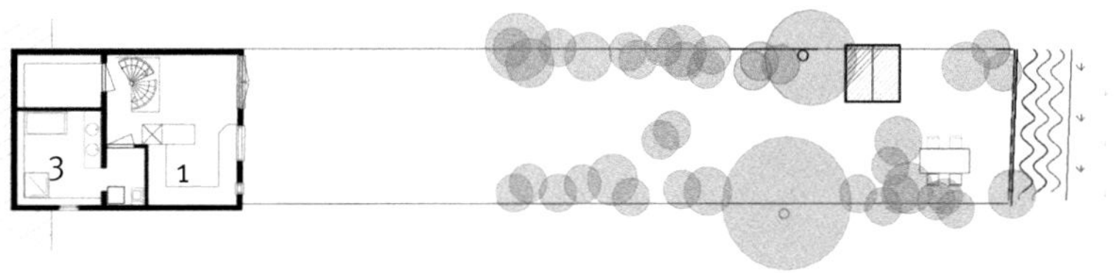

Plans d'aménagement

Combles

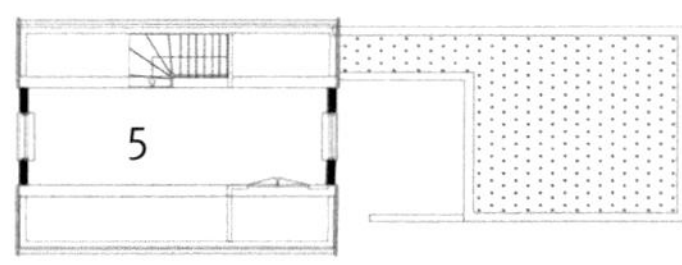

Étage

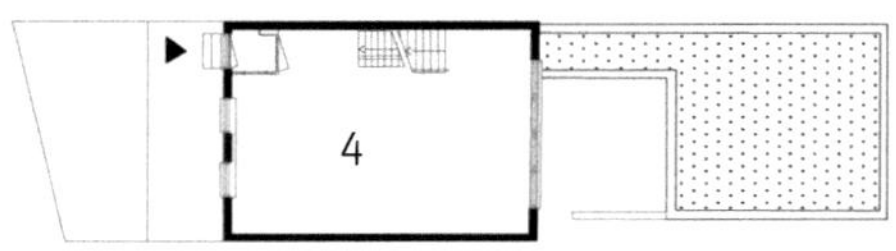

Rez-de-chaussée

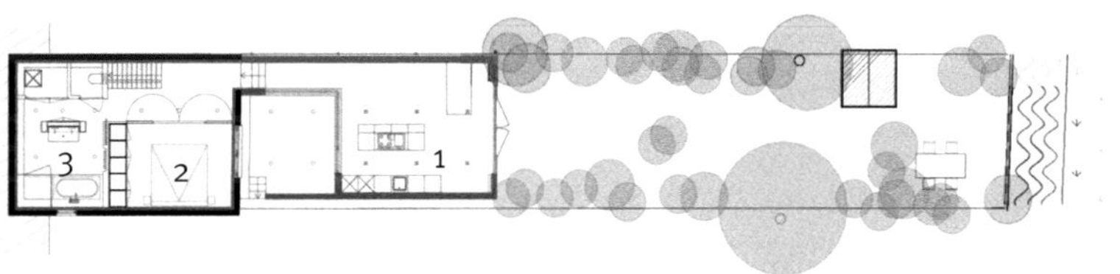

Coupe sur l'ancienne implantation

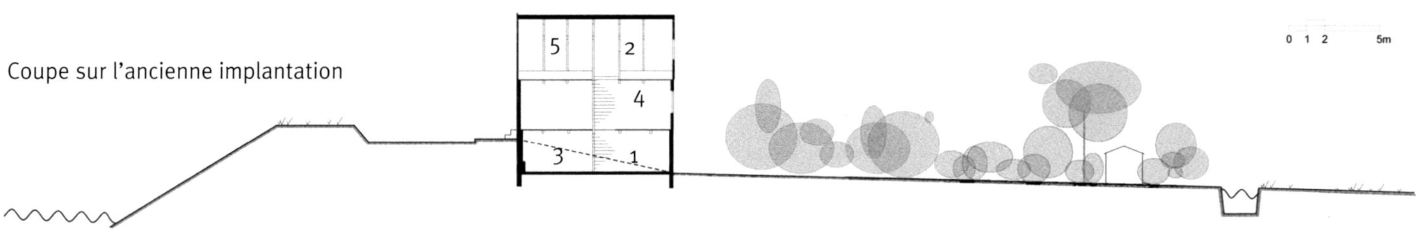

Coupe sur la nouvelle implantation

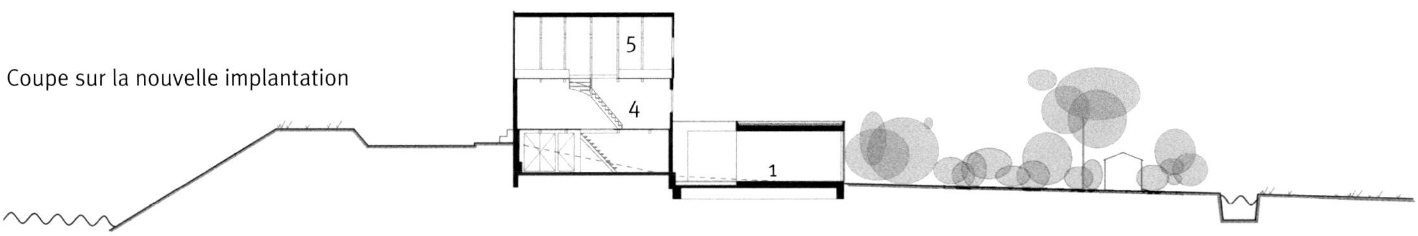

VISSEN
VLINDERS
VOGELS

Crédits photos de cette page : Hotze Eisma

Crédits photos de cette page : Hotze Eisma

Résidence Reynolds

Architecte : **Iredale Pedersen Hook Architects**
Photographe : **Robert Frith & IPH Architects**
Situation : **South Perth, Australie**

Les propriétaires de cette résidence secondaire désiraient agrandir leur cottage, datant des années 1920 et implanté sur un magnifique jardin. Ils avaient envie d'un vaste espace, ouvert sur la nature environnante. Leur souhait s'est matérialisé sous la forme d'un long volume atypique posé contre le bâti existant et ouvrant plein nord sur l'extérieur. Dès les premières esquisses, le projet s'est attaché à intégrer paysage et architecture. Au fil du temps, le développement des espaces verts, plantés d'espèces colorées et aromatiques, estompera les limites de la parcelle et protégera des vues du voisinage.

La volumétrie et l'implantation de l'extension font référence à l'architecture locale et à ses maisons flanquées d'un appentis. L'extension est protégée par une enveloppe qui se déroule doucement depuis l'extrémité basse de la construction pour rejoindre la toiture du cottage. Son extrémité se recourbe sur un long banc qui permet de profiter des après-midi ensoleillées. L'extension n'est pas une copie de la maison ancienne, elle crée un contraste volontairement marqué avec le cottage, aux pièces modestes et sans grandes ouvertures sur l'extérieur. Le cottage est maintenant destiné aux chambres, et l'extension abrite les pièces de vie : séjour, salle à manger et cuisine. Les salles de bains et la buanderie servent de transition entre les deux bâtis.

Les architectes ont largement ouvert l'extension sur le jardin, grâce à des baies vitrées toute en hauteur qui éclairent totalement un volume intérieur épuré, clair et sobre. L'ambiance se modifie en fonction des saisons et de la course du soleil.

Les matériaux ont été choisis selon leur capacité à se modifier dans le temps. Comme le jardin, les matériaux vont lentement se transformer : le mur d'enduit blanc va se colorer et foncer, le bois va blanchir, l'enveloppe métallique va se velouter et s'adoucir. Dans un souci écologique, le plus grand soin a également été apporté aux autres éléments structurants de la parcelle et les constructions : au sud, le mur de maçonnerie absorbe les rayons solaires pendant l'hiver et en restitue la chaleur dans la maison ; la hauteur sous plafond de l'extension est volontairement importante pour que l'air chaud monte et s'évacue par les ouvertures ménagées dans les baies vitrées ; la façade vitrée est tournée vers le nord, afin que le volume soit très lumineux en l'hiver et protégé des rayons du soleil d'été par l'avancée de la toiture.

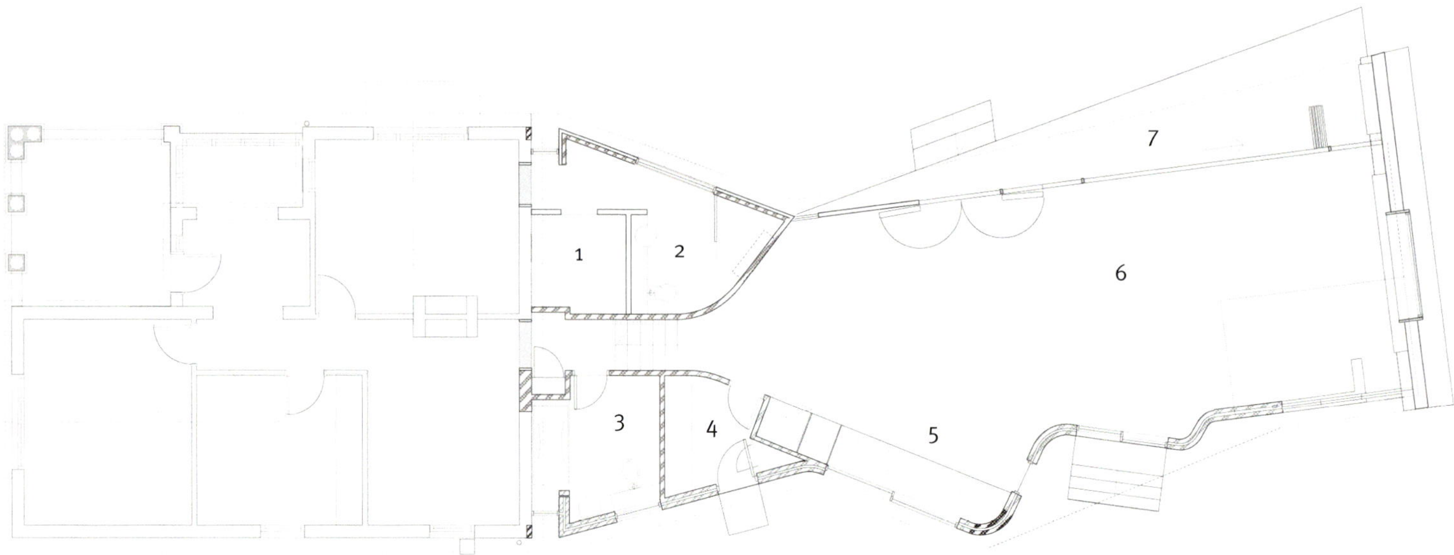

Plan du rez-de-chaussée
1 - salle de bains
2 - sanitaires
3 - salle de bains
4 - buanderie
5 - cuisine
6 - séjour
7 - terrasse

Le nouveau bâtiment est volontairement orienté au nord. L'avancée de la toiture joue un rôle différent selon les saisons et en fonction de la position du soleil : en hiver, le soleil pénètre profondément dans la maison et, en été, les rayons sont arrêtés avant d'atteindre la paroi vitrée. Sur la façade sud, le mur de maçonnerie absorbe les rayons solaires en l'hiver et en restitue la chaleur dans la maison.

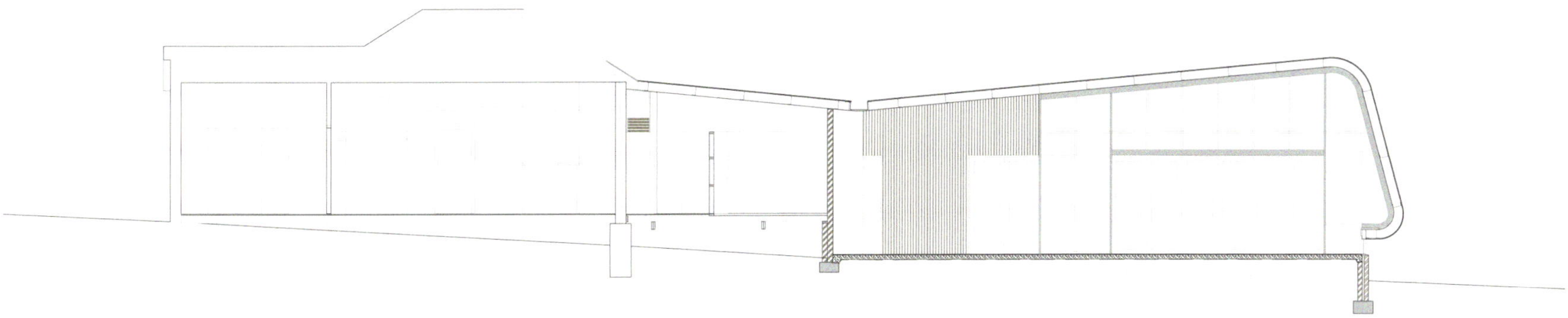

Crédits photos de cette page :
© IPH Architects

© IPH Architects

© IPH Architects

© IPH Architects

Une extension rythmée

Architecte : **SeARCH bv-Bjarne Mastenbroek & Ad Boerman**
Photographe : **Christian Richters**
Situation : **Zutphen, Pays-Bas**

Comment conserver les qualités historiques et spatiales d'une ancienne cour de ferme et de tous les bâtiments qui l'entourent lorsque ceux-ci sont transformés en logement pour toute une famille ?

L'ancienne grange située perpendiculairement au principal corps de bâtiments a été démolie et remplacée par une nouvelle construction. Celle-ci s'inscrit exactement dans l'échancrure laissée par le bâti démoli comme une nouvelle interprétation du volume en T précédent : son implantation en oblique crée des effets perspectifs saisissants.

La différence entre les deux bâtiments n'est pas que formelle : leur destination est également distincte. Le séjour, implanté dans le bâtiment d'origine, s'agrandit sur l'extension et se prolonge par une grande cuisine. L'entrée se situe entre les deux bâtiments. Un bureau, des rangements et une chambre d'amis totalement autonome sont séparés des espaces de vie par une véranda. Celle-ci, sorte de respiration dans le rythme de l'extension, met en valeur la charpente faite de poutres de récupération. La création d'une piscine dans une autre grange située à proximité est actuellement à l'étude.

La structure et l'habillage de l'extension ont été entièrement réalisés en bois. Le lambrissage de bois clair crée une ambiance chaleureuse dans toutes les pièces. À l'extérieur, les pentes de toit et les murs sont revêtus d'une trame verticale de lattes de bois : toutes les façades ont ainsi la même apparence, qu'elles comportent ou non des ouvertures.

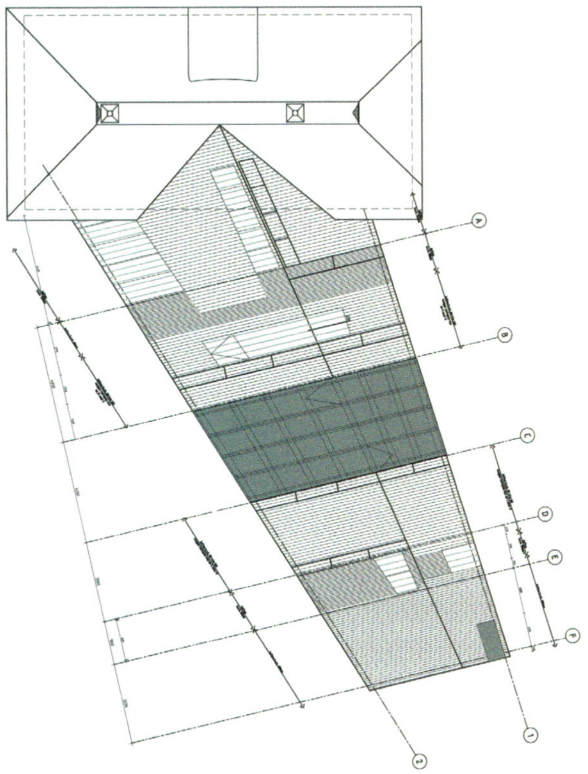

Plan du rez-de-chaussée

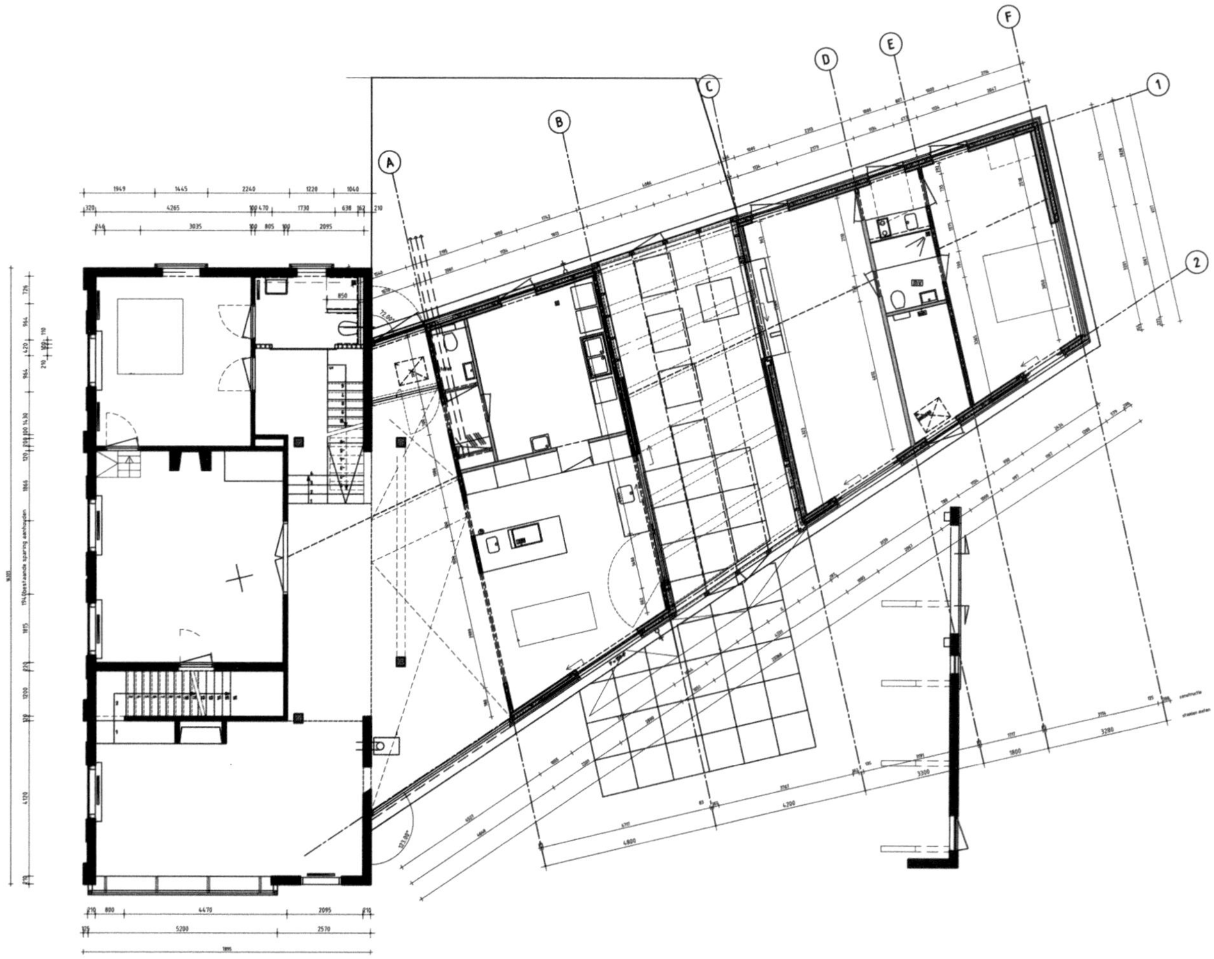

Façade ouest

Plan de l'étage

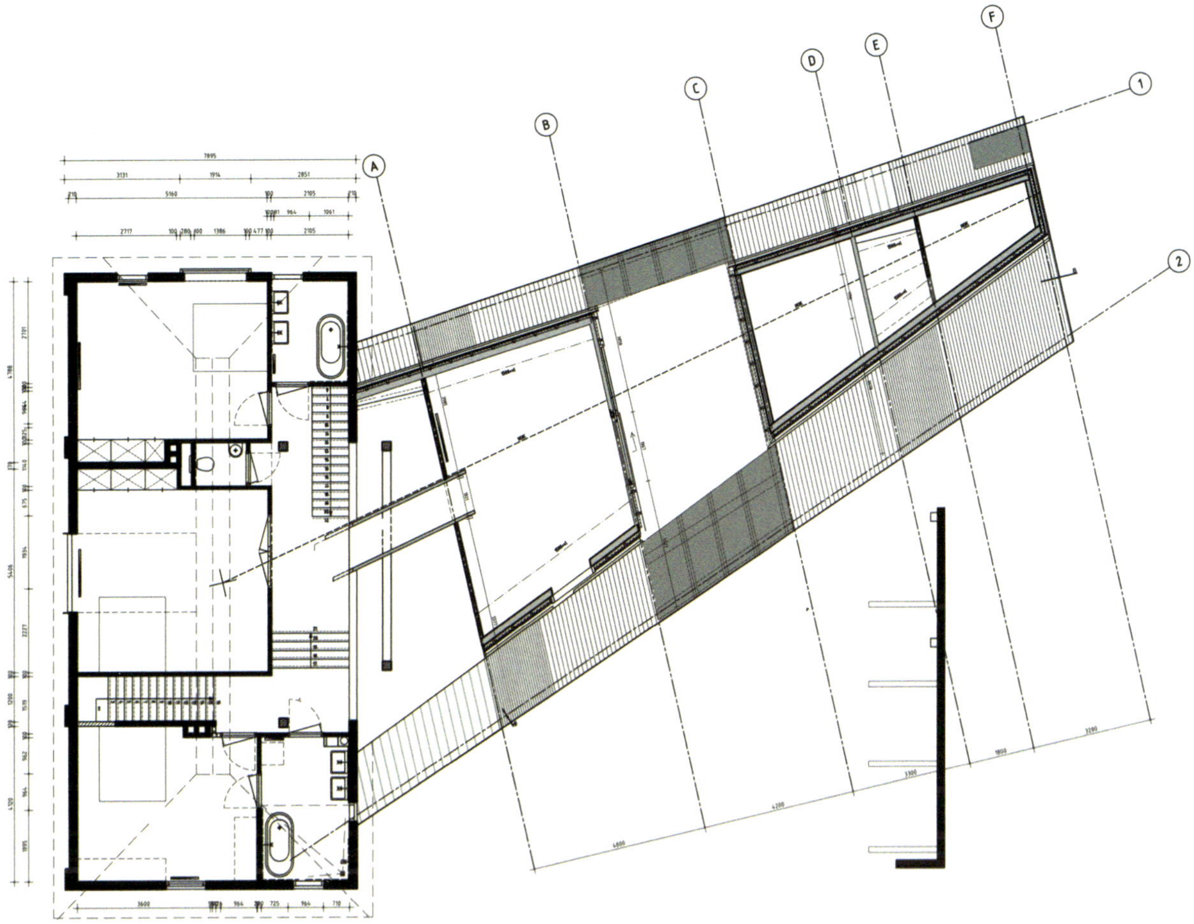

Façade est

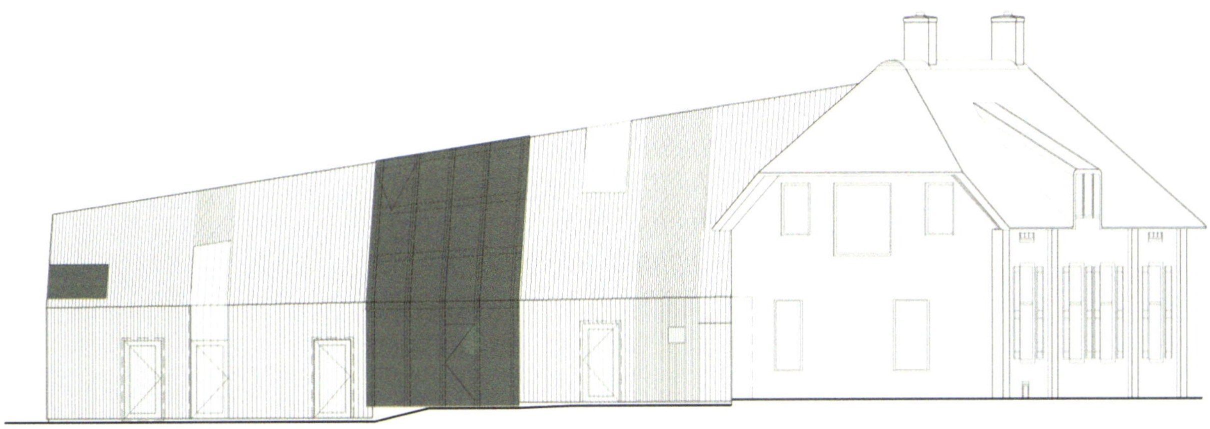

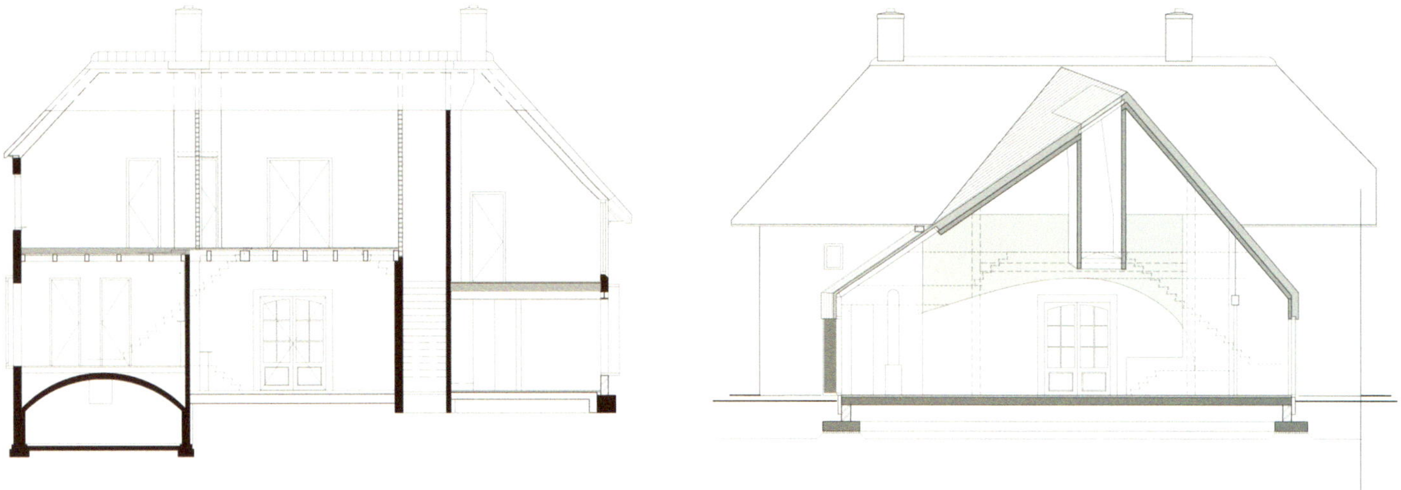

Coupes

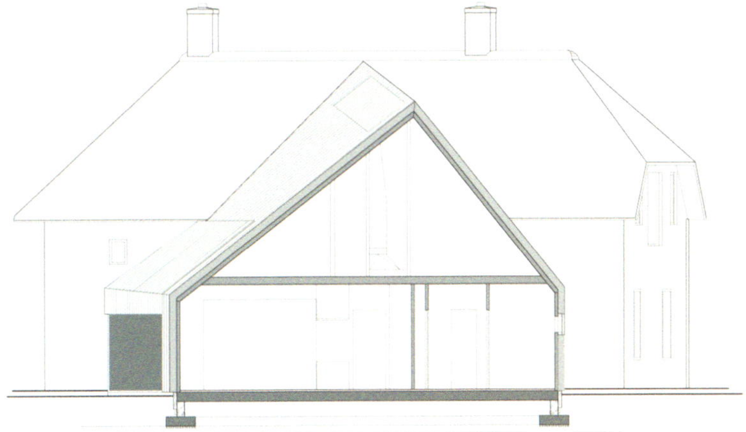

L'extension d'un ranch

Architecte : **GRAFTWORKS**
Photographe : **Roy Wright Photography**
Situation : **Amaganset, New York, États-Unis**

Les architectes ont réaménagé ce ranch des années 1960 pour le transformer en résidence secondaire. Les propriétaires souhaitaient créer deux chambres et une salle de bains à la place du séjour, et rénover les deux façades principales pour que la maison soit plus lumineuse et que l'accès se fasse sur la façade arrière. Cette maison a été construite à partir de plans standard : on peut retrouver la même maison dans tous les États-Unis, que l'on vive à Amaganset ou à Détroit. Le projet a relevé un défi : celui de personnaliser une construction banale, de l'adapter à son contexte – à la fois culturel, géographique et fonctionnel.

La maison d'origine ne comportait aucun accès sur la façade arrière ; elle était très sombre et compartimentée. Ce type d'habitation avait été conçu pour une clientèle d'employés travaillant dans la région dans le secteur de la pêche industrielle.

Ce projet a été l'occasion pour les architectes d'étudier l'historique des modules de constructions préfabriquées, ancêtres de la maison modulaire des années 1960. Dans la région, ce type de construction s'accompagnait souvent d'un bateau ou d'une caravane parquée dans l'allée devant la maison, car la pêche à la baleine était la principale source de revenus des familles depuis la fin du XIXe siècle.

La moitié de la structure de bois de la maison a été mise à nu pour permettre un meilleur ensoleillement et dégager les multiples cloisonnements qui divisaient le volume. Les architectes ont tout d'abord travaillé sur les façades, puis sur les volumes intérieurs, pour en casser la répétitivité et en adapter les dimensions à la destination. D'un point de vue conceptuel, le projet a donné une nouvelle peau à la maison, intégrant symboliquement les traces de la caravane, du bateau et de la baleine. Pour ventiler les pièces, une succession de hublots s'ouvre vers l'extérieur, comme les ouïes d'un poisson. Les plafonds sont tendus sur une structure à claire-voie qui permet à la chaleur de s'échapper. Une terrasse a été ajoutée face au séjour. Le dernier panneau d'habillage extérieur se prolonge au-delà de l'angle de la façade pour former une sorte d'aileron qui dissimule une douche en plein air.

L'habillage extérieur est réalisé en contreplaqué marine ; les hublots proviennent de l'industrie navale et leur vitrage est en polycarbonate.

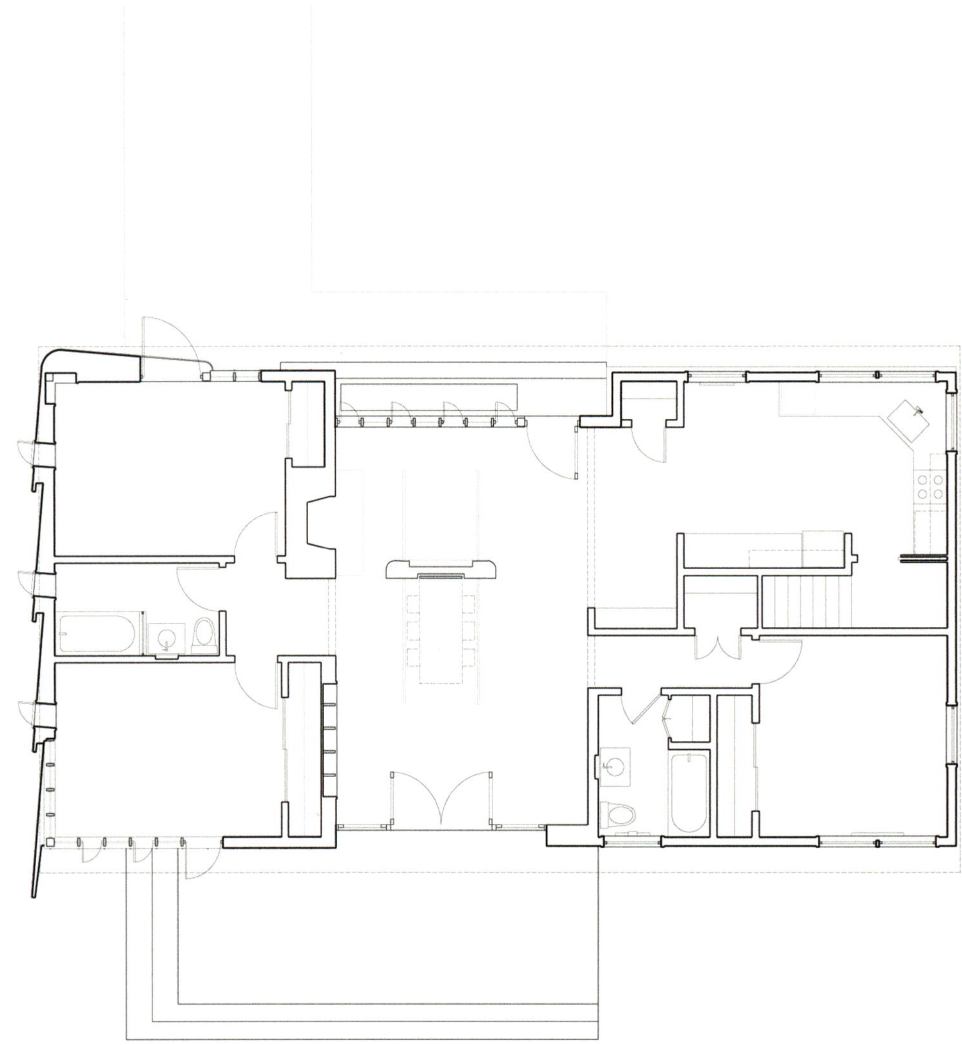

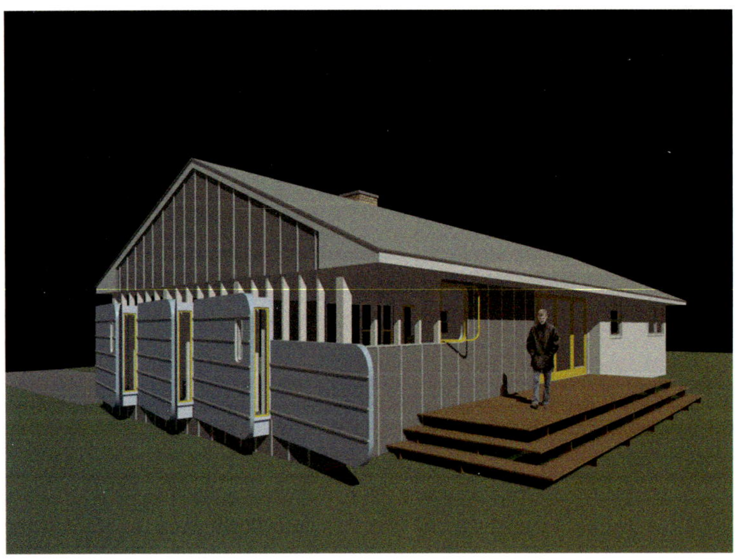

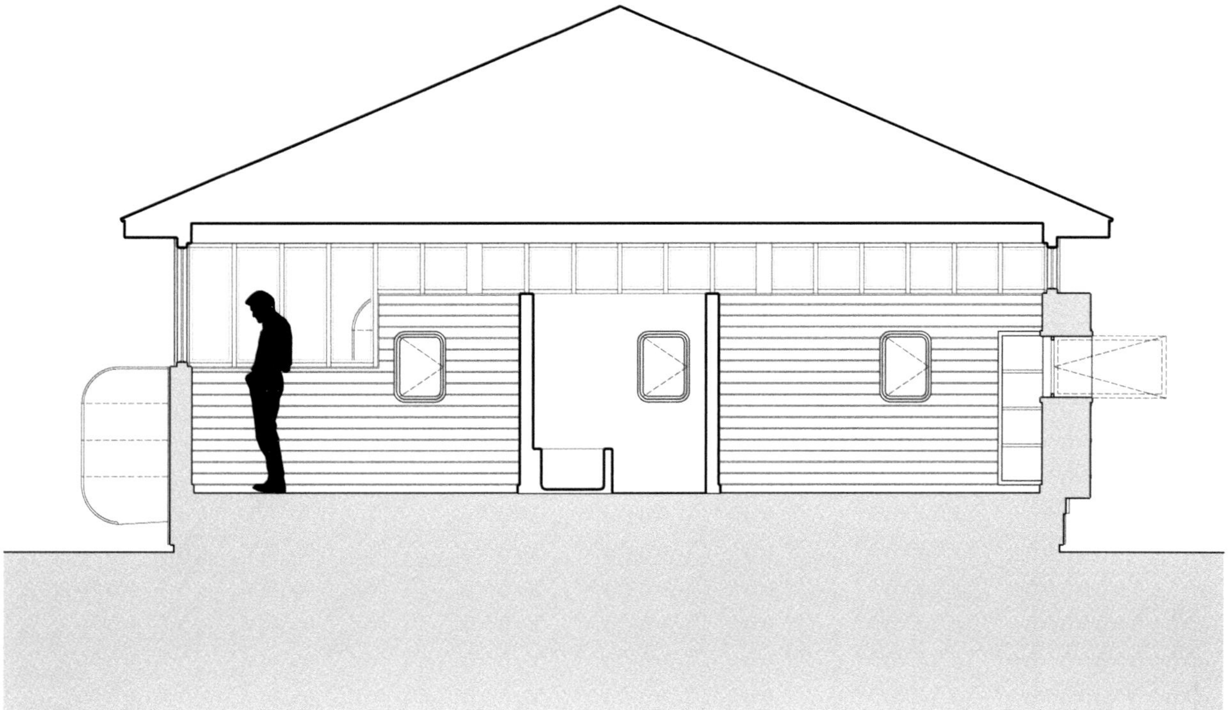

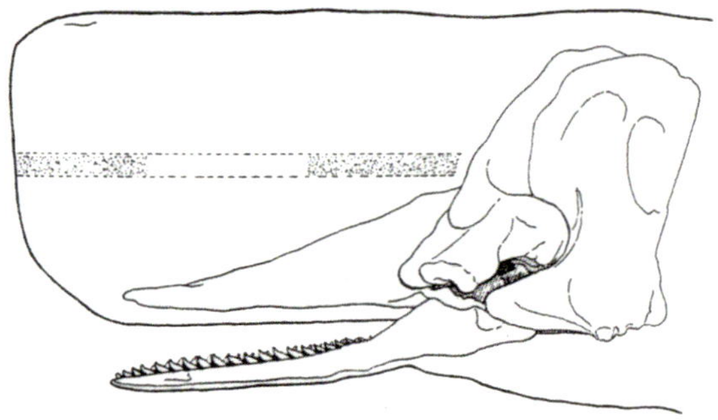

Ce projet a été l'occasion pour les architectes d'étudier l'historique des modules de constructions préfabriquées, ancêtres de la maison modulaire des années 1960. Dans la région, ce type de construction était souvent associé à un bateau ou une caravane parquée dans l'allée devant la maison, car la pêche à la baleine était la principale source de revenus des familles depuis la fin du XIXe siècle.

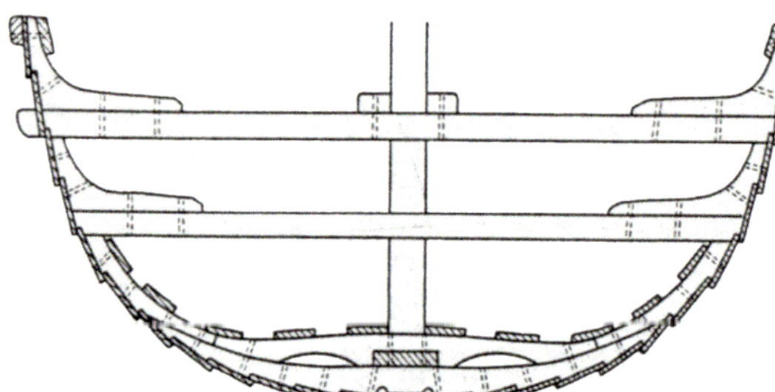

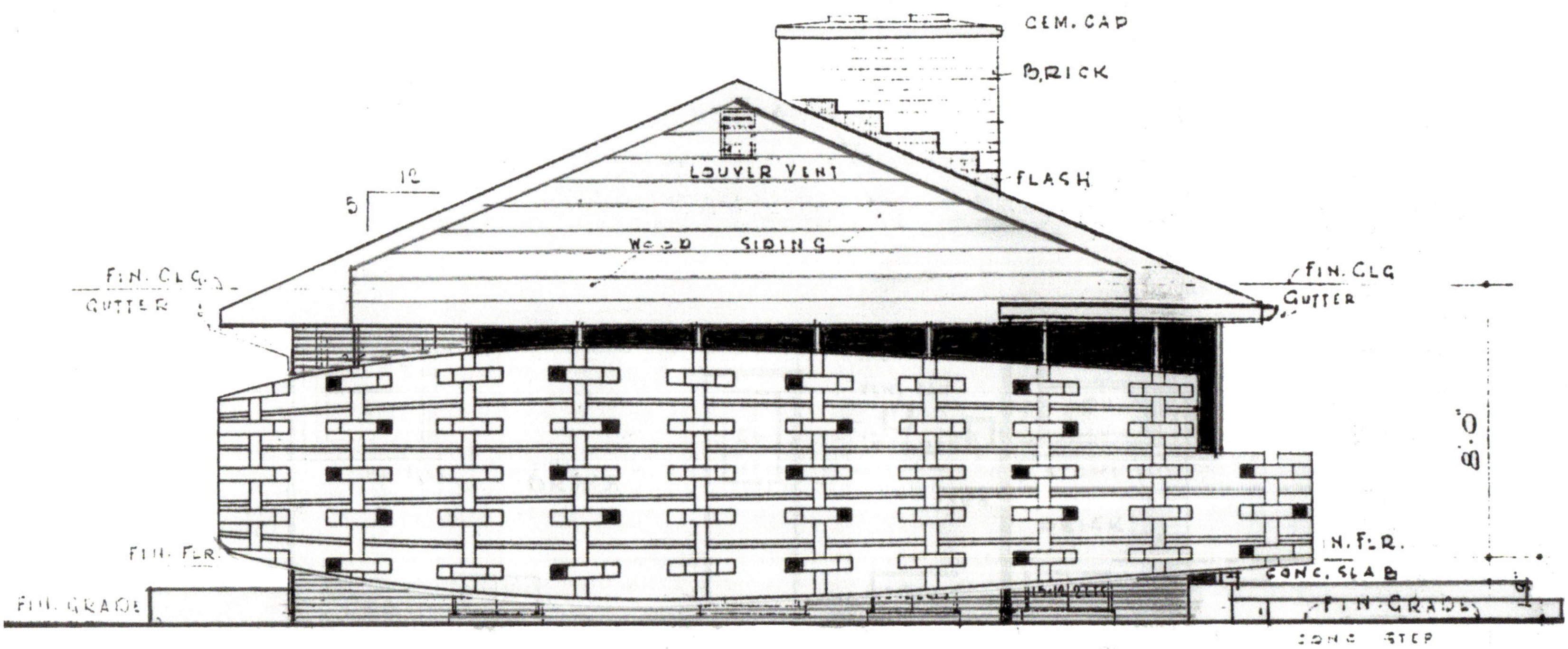

CEM. CAP
BRICK
LOUVER VENT
FLASH
5
12
WOOD SIDING
FIN. CLG.
GUTTER
FIN. CLG
GUTTER
FIN. FLR.
CONC. SLAB
FIN. GRADE

Un havre de lumière

Architecte : **Messana O'Rorke Architects**
Photographe : **Elizabeth Felicella/Beateworks**
Situation : **New Jersey, États-Unis**

La construction d'origine est une pittoresque maison des années 1920, perchée sur une colline, près d'un étang, au beau milieu de la forêt ; ses hauts pignons et ses fenêtres ourlées de plomb semblent tout droit sortis d'un conte de Grimm. Comme chez les méchants personnages des contes de fées, la cuisine était exiguë, sombre et mal équipée ; le mobilier était affreux et le carrelage était cassé. Au départ, le client souhaitait seulement rénover la cuisine et créer une terrasse pour prendre des bains de soleil. Cette idée s'est révélé être impossible à réaliser, car le seul espace disponible était orienté plein nord ; les architectes ont donc proposé de transformer l'ancienne cuisine en bureau et d'en créer une nouvelle contre cette même façade.

Le pignon nord abritait la salle à manger au rez-de-chaussée et la chambre principale à l'étage. Cette aile de la maison a été prolongée en conservant la volumétrie et les deux versants de toiture. Une bande vitrée symbolise la jonction entre les deux bâtiments. L'extension se développe sur deux niveaux ; très ensoleillée, elle est l'antithèse du cottage à l'atmosphère feutrée. Un simple couloir vitré relie les deux bâtiments.

L'idée essentielle était de ne pas copier l'existant ni dans sa volumétrie ni dans ses matériaux ; il fallait seulement le compléter, pour que chacun affirme sa propre personnalité. Extérieurement, le volume a été revêtu de lambris de cèdre, qui répond à la couverture du bâtiment d'origine tout en se différenciant de l'enduit blanc de ses façades. La salle à manger est séparée de la cuisine par des portes vitrées coulissantes pour apporter de la clarté dans cette pièce qui ne bénéficiait que d'une seule fenêtre.

L'aménagement de la cuisine est simple et épuré ; un grand linéaire de rangement, équipé de portes en contreplaqué verni, dissimule le réfrigérateur. Deux plans de travail en marbre entourent l'évier, situé face à une baie vitrée de 3 mètres de hauteur. La cuisine s'ouvre d'un côté sur un couloir vitré et de l'autre sur un patio où il fait bon prendre un petit déjeuner. Cette pièce est le véritable cœur de la maison ; elle est extrêmement lumineuse et ouverte sur la nature environnante ; l'été, les grands arbres apportent une ombre rafraîchissante ; en hiver, le chauffage radiant intégré sous le dallage du sol diffuse une chaleur agréable. Le dallage se prolonge dans l'entrée entièrement vitrée. Des rangements et une penderie sont dissimulés derrière des portes laquées. Le soir venu, le volume de l'entrée se voit de loin et signale aux visiteurs l'accès à la maison, comme un long porche de lumière.

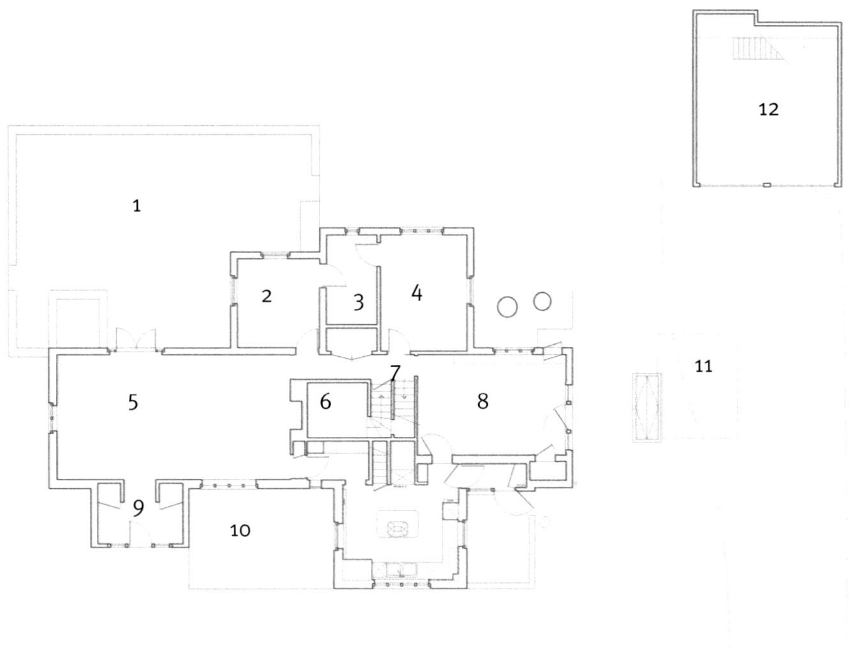

Plan de la maison existante
1 - terrasse
2 - bureau
3 - salle de bains
4 - bureau
5 - séjour
6 - vers local technique
7 - escalier
8 - salle à manger
9 - entrée principale
10 - patio
11 - abri antiatomique
12 - garage

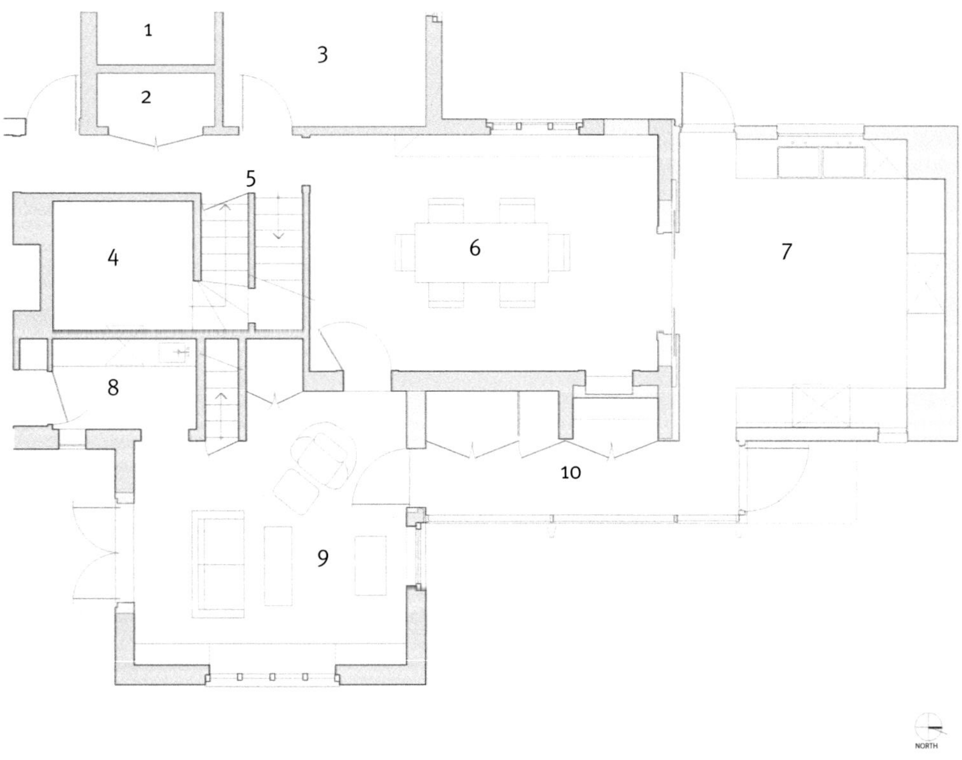

Plan de l'extension
1 - salle de bains
2 - rangement
3 - chambre d'amis
4 - vers local technique
5 - escalier
6 - salle à manger
7 - cuisine
8 - bar
9 - bureau
10 - porche d'entrée

Trois salles d'eau translucides

Architecte : **Henning Stummel Architects**
Photographe : **Nigel Rigden**
Situation : **Londres, Grande-Bretagne**

Cette extension a permis de créer trois salles de bains dans une maison typiquement londonienne, à la typologie soumise à la réglementation des services des Monuments historiques. Pour ce projet, les architectes souhaitaient matérialiser nettement la différence entre le bâti ancien et l'extension ; ils désiraient également que leur intervention soit « réversible », c'est-à-dire que l'extension puisse être déplacée ou supprimée si nécessaire.

Bon nombre de maisons de ce type comportent des extensions en bois ; d'un point de vue pratique, l'espace était vraiment réduit et tous les matériaux nécessaires à la construction devaient passer par l'entrée de la maison pour être acheminés vers la cour arrière. Le bois permettait de réaliser une structure solide, offrait une bonne capacité d'isolation et, avantage non négligeable, assurait une mise en œuvre propre et rapide.

La création de fenêtres devait respecter scrupuleusement les proportions et la disposition des bâtiments environnants ; cette contrainte a été contournée par la création d'une construction « aveugle ». Des lames de Perspex translucides sont disséminées parmi les lames de bois de l'habillage pour donner l'impression d'une boîte au bardage homogène. Pour amplifier l'idée de camouflage, les ouvertures ont été réparties de manière aléatoire.

La structure de bois est habillée sur ses deux faces de panneaux de contreplaqué. Solidaires de la structure, ils répartissent les charges et assurent leur report sur les poteaux.

L'extension abrite deux salles de bains et une salle d'eau : ces pièces n'étant pas des pièces principales, elles ne nécessitaient pas de disposer de fenêtres conventionnelles. Chaque salle d'eau comporte un système de ventilation mécanique.

Pièces humides par définition, les salles d'eau devaient recevoir un revêtement mural étanche, en l'occurrence des modules de Perspex blancs, opaques mais translucides. Les murs sont entièrement habillés et ne comportent aucune saillie susceptible de se gorger d'humidité ou de poussière. Les panneaux de Perspex sont collés à la silicone sur le contreplaqué peint en blanc. Les murs ont ainsi un aspect blanc brillant ; au droit des fentes pratiquées dans le contreplaqué, les lames extérieures translucides laissent passer la lumière en longues et aléatoires bandes horizontales, créant une atmosphère sereine et totalement inattendue.

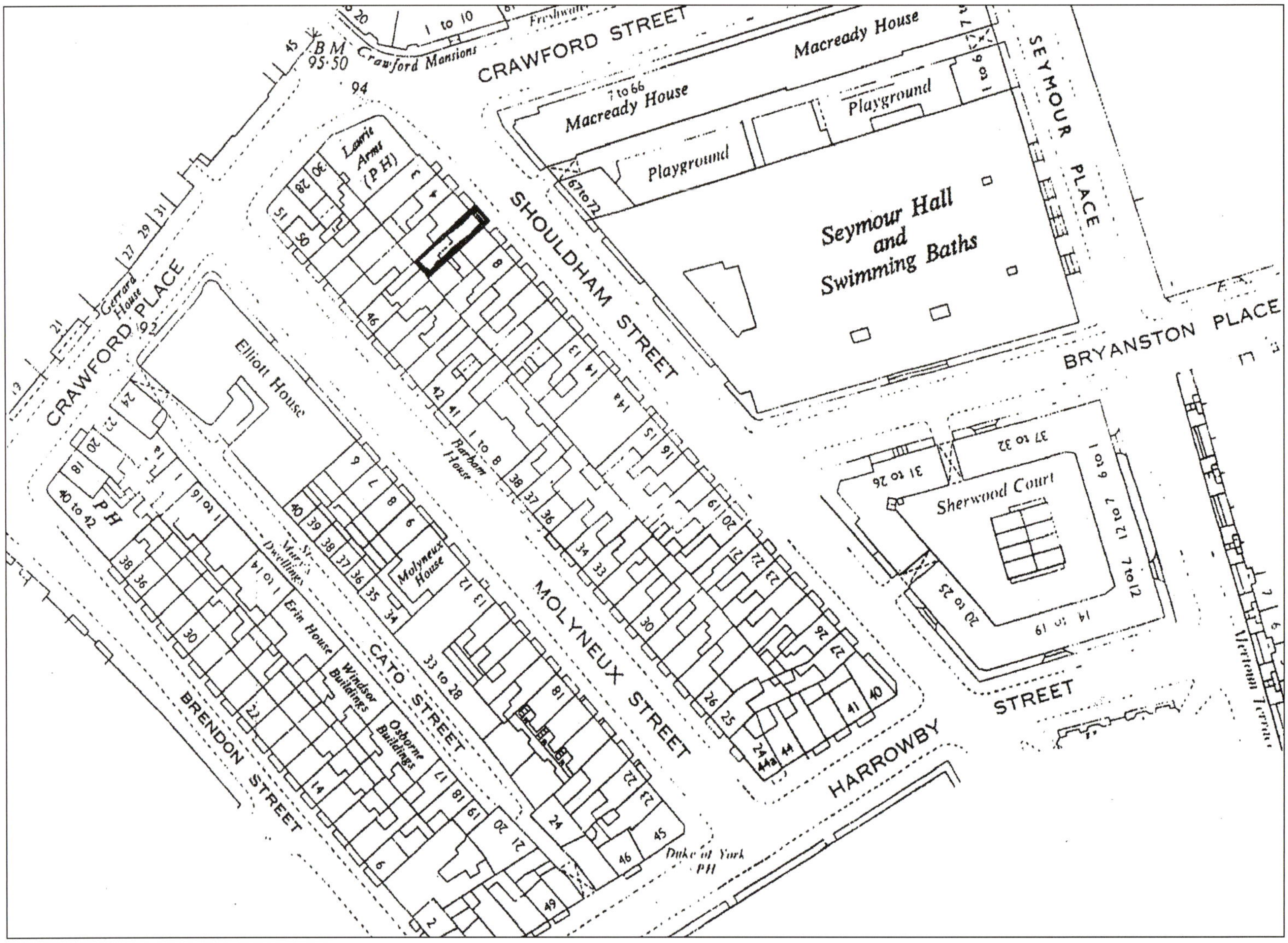
CRAWFORD STREET
Crawford Mansions
Macready House
7 to 66
Macready House
Playground
Playground
SEYMOUR PLACE
Lawrie Arms
(P H)
SHOULDHAM STREET
Seymour Hall
and
Swimming Baths
BRYANSTON PLACE
CRAWFORD PLACE
Gerrard House
Elliott House
Harbam House
Sherwood Court
31 to 26
37 to 32
1 to 6
12 to 7
7 to 12
20 to 25
14 to 19
Molyneux House
MOLYNEUX STREET
St Mary's Dwellings
Erin House
Windsor Buildings
Osborne Buildings
CATO STREET
33 to 28
BRENDON STREET
HARROWBY
STREET
Duke of York
PH

Les services des Bâtiments historiques imposaient pour tout bâti le respect des proportions et de la disposition des fenêtres sur la façade : ce projet répond à cette contrainte par une absence totale de fenêtres. Des lames de Perspex translucides sont disséminées de manière aléatoire parmi les lames de bois de l'habillage. Pendant la journée, ces lames sont grises : pour dissimuler la présence de ces « fenêtres », les architectes ont peint les lames de bois en différents tons de gris. La sélection des tons de peinture est en harmonie avec les teintes présentes dans les bâtis environnants.

Rez-de-chaussée

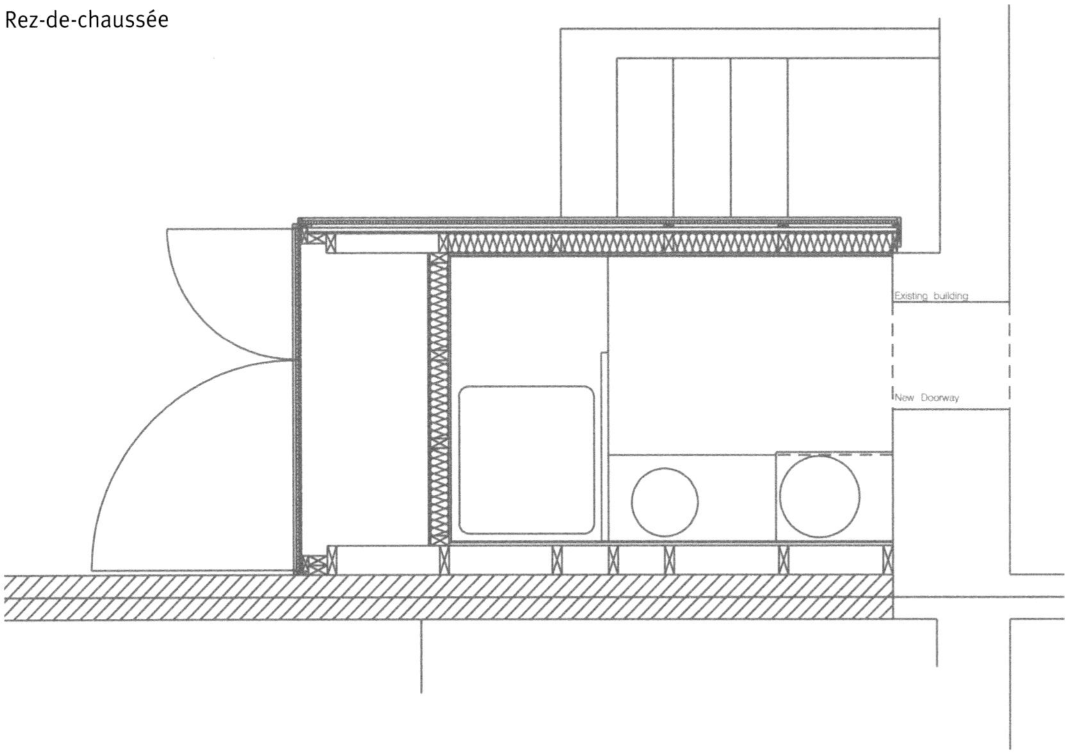

Étage 1

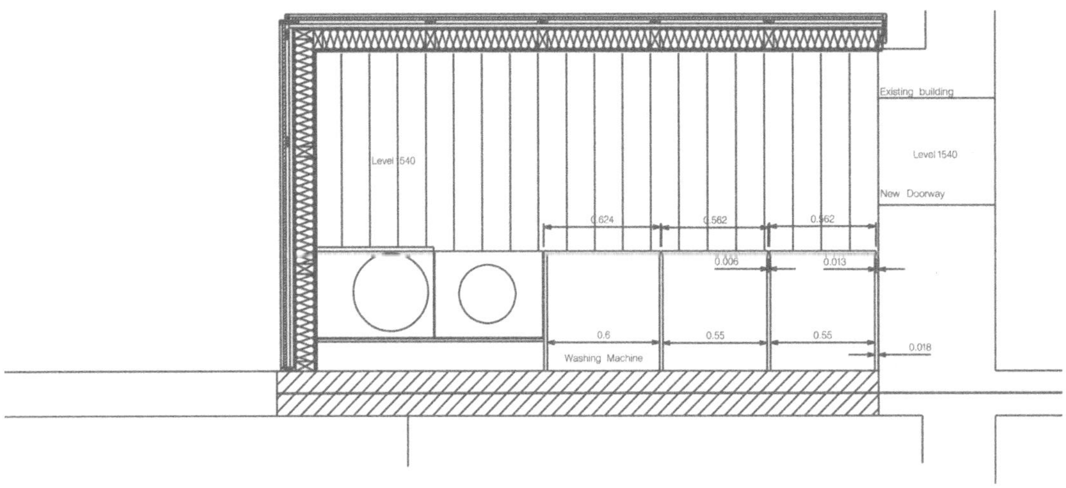

Étage 2

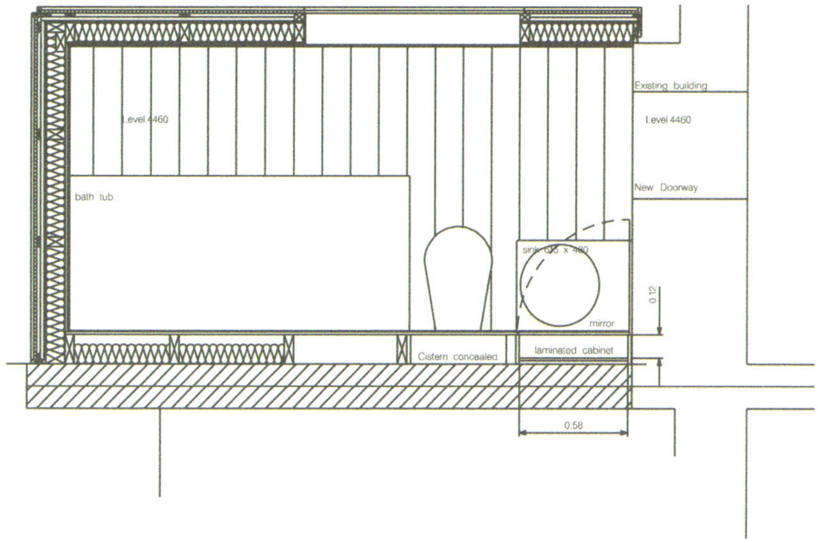
Level 4460
bath tub
Existing building
Level 4460
New Doorway
mirror
0.12
Cistern concealed
laminated cabinet
0.58

La superposition de trois salles de bains était techniquement complexe. Le problème a été résolu par la création d'une gaine technique verticale de 15 cm de profondeur, positionnée en limite de parcelle. Cette gaine regroupe les conduites d'eaux (eaux usées, eaux-vannes, eaux de pluie et alimentations), les circuits électriques, les réservoirs de toilettes, le circuit de ventilation mécanique et a même permis d'encastrer des armoires de toilette. Ce regroupement a permis de libérer les deux façades « sans fenêtre » de toute contrainte. Chaque salle de bains donne l'impression de se trouver dans une lanterne.

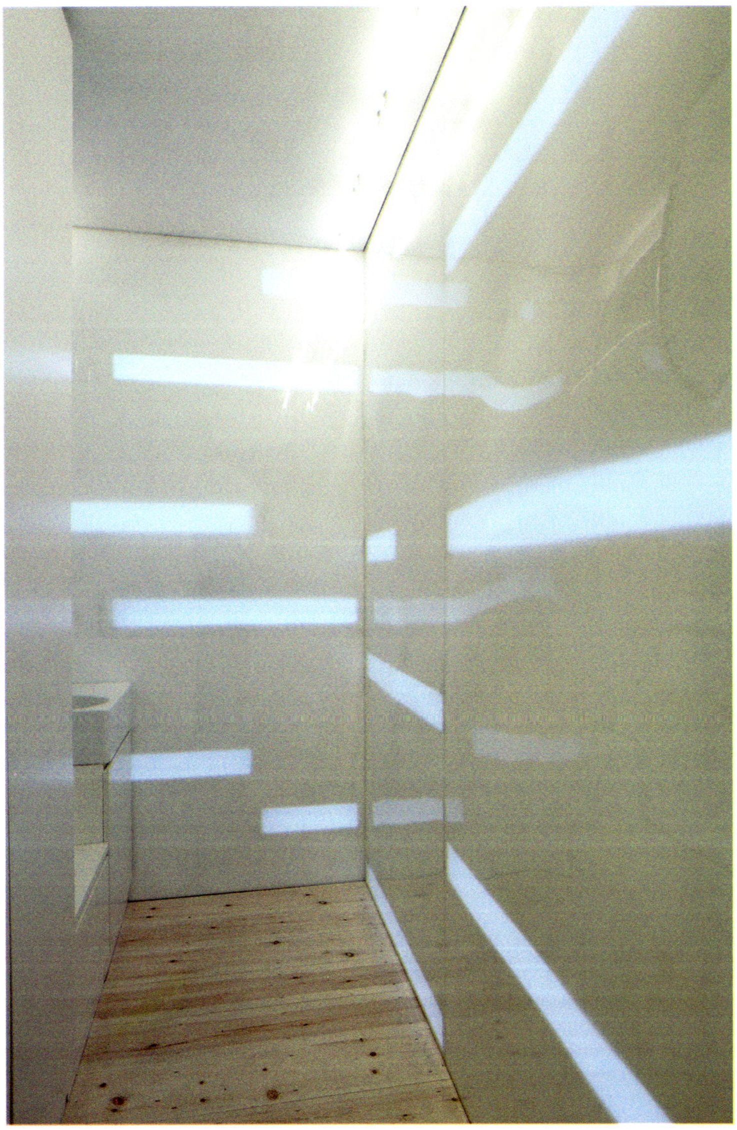

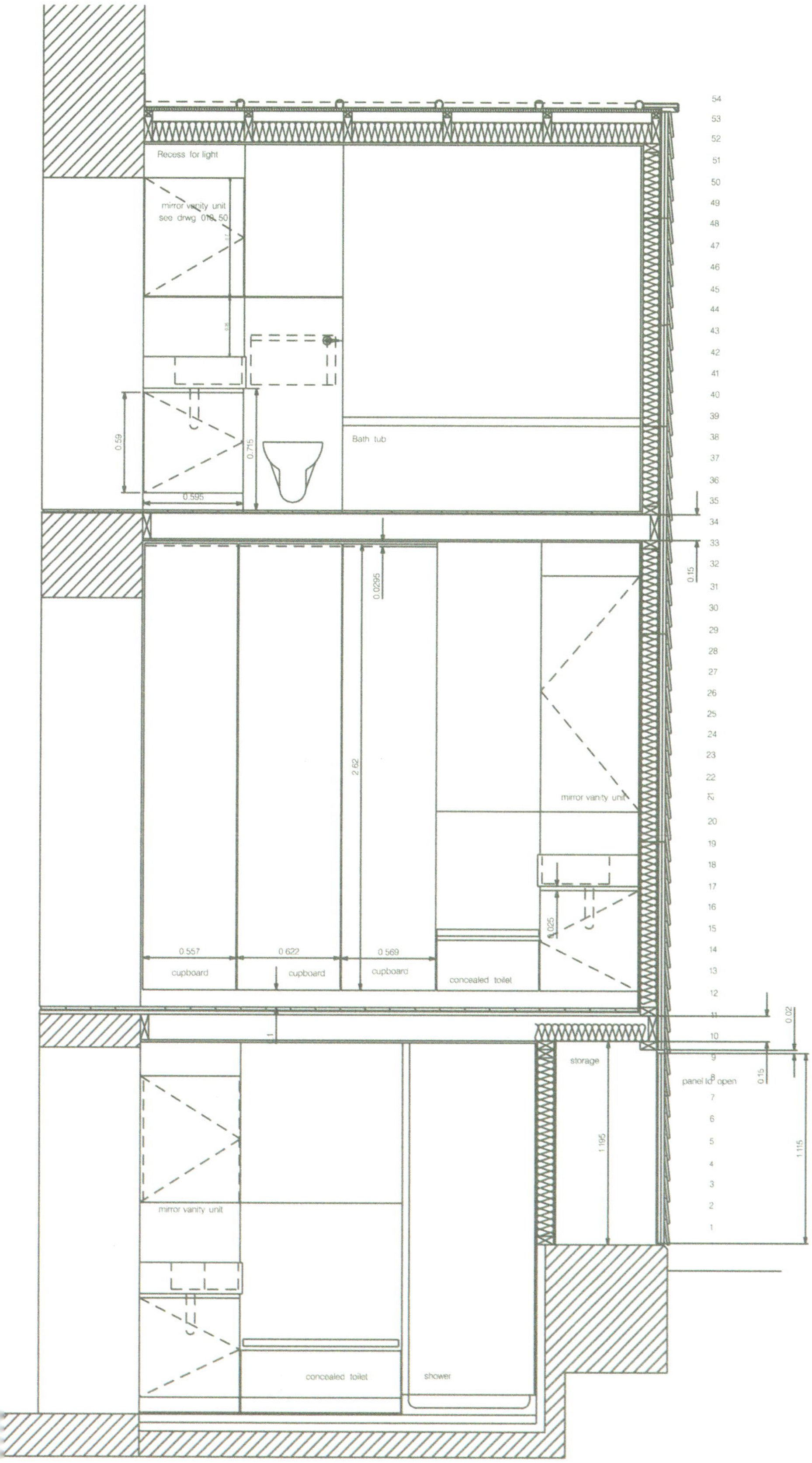

Recess for light
mirror vanity unit
Bath tub
cupboard
cupboard
cupboard
concealed toilet
mirror vanity unit
storage
mirror vanity unit
concealed toilet
shower

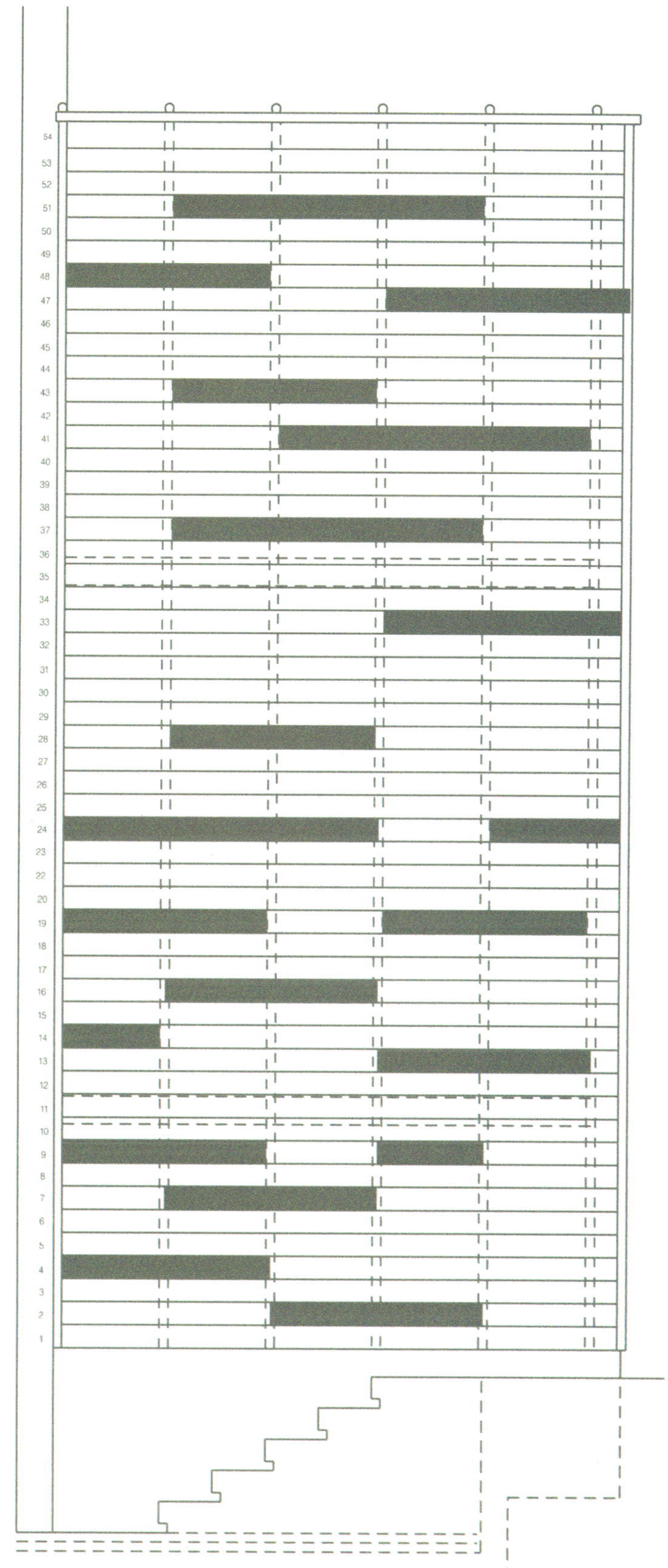

Une partition à deux voix

Architecte : **Black Kosloff Knott Pty Ltd. Architects**
Photographe : **Shannon McGrath Photography**
Situation : **Victoria, Australie**

Une maison dans la maison. Ce projet concerne l'extension d'un bungalow californien des années 1920 pour un couple d'universitaires et leurs enfants. L'extension décline les références du bungalow : même texture des revêtements, même circulation de la lumière et même plan libre.

La maison est essentiellement basée une articulation de plusieurs notions : ancienne et nouvelle construction, extension en deux parties, cloisons partielles et zones d'activités flexibles, mais distinctes. Certaines notions s'entrecroisent, interfèrent pour inventer toute une variété de lieux et d'espaces, dans la maison comme autour de la maison. Les deux constructions ne s'opposent pas, elles jouent l'une face à l'autre en contrepoint. L'apparente disparité des éléments se trouve confondue dans un tout homogène qui autorise une multitude de points de vue, de fonctions et d'interprétations.

À l'arrière de la maison, l'espace se subdivise en une série de courettes, comme les miettes d'une conversation entre les deux personnages principaux.

Façade nord

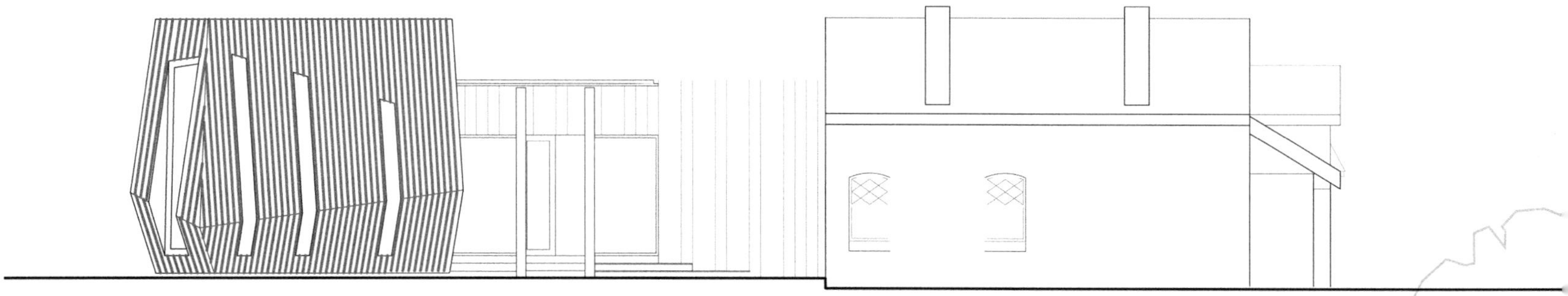

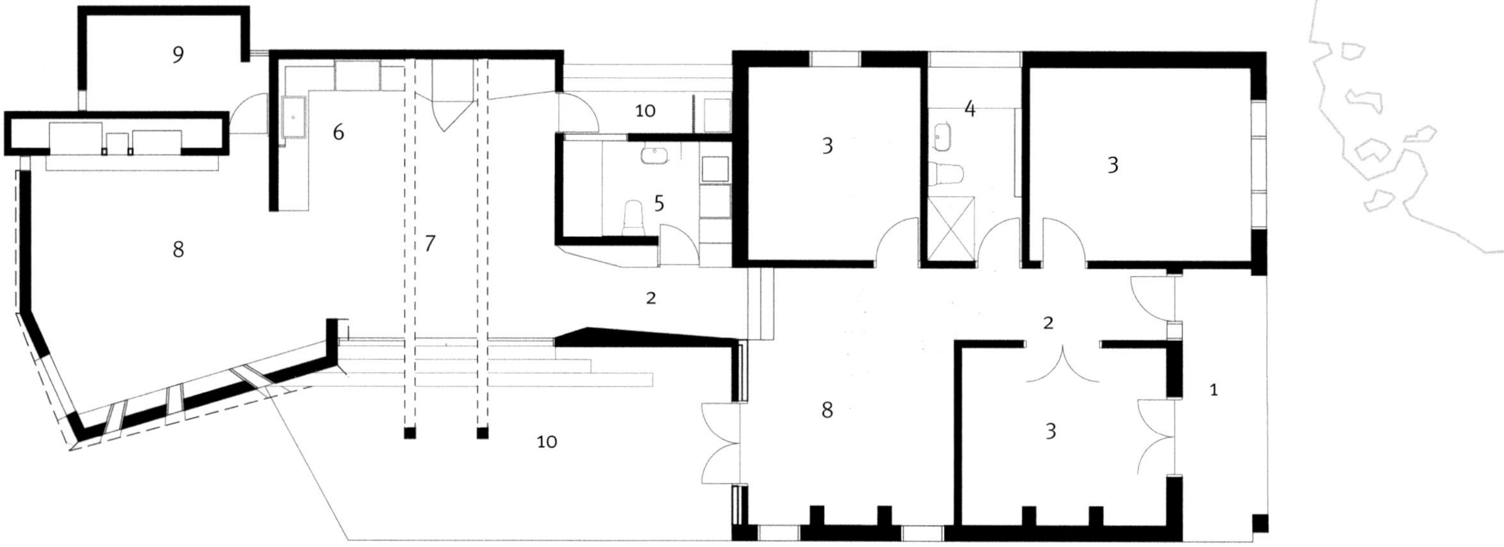

Plan
1 - porche
2 - entrée
3 - chambre
4 - salle de bains
5 - salle de bains/machines à laver
6 - cuisine
7 - salle à manger
8 - séjour
9 - bureau
10 - terrasse

Maison Fellner

Architecte : **Bayer Uhrig Architekten BDA**
Photographe : **Michael Heinrich**
Situation : **Grossnöbach, Allemagne**

Pour inventer une extension loin de tout cliché traditionnel, les architectes ont dû servir de médiateurs entre les exigences de leurs clients et les services d'urbanisme. En dehors des réglementations habituelles, la mairie et le Conseil régional refusaient la création d'une extension coiffée d'un toit-terrasse ; conformément à la législation bavaroise en vigueur, seule une construction respectant les bâtis traditionnels régionaux pouvait être réalisée, même si celle-ci se trouvait à la périphérie du village. Le programme fixé par le client était très précis : gestion au centime près d'un budget très serré, mise en œuvre rapide, respect du bâtiment existant et des plantations du jardin. Il était également demandé que toutes les pièces créées soient lumineuses et bénéficient d'une vue agréable sur l'environnement. Enfin, la distinction entre les deux bâtiments devait être nettement identifiable. En conjuguant tous ces paramètres, les architectes ont créé une extension qui répond d'une manière tout à fait inhabituelle aux restrictions imposées et fait grincer des dents les habitants du village les plus conformistes.

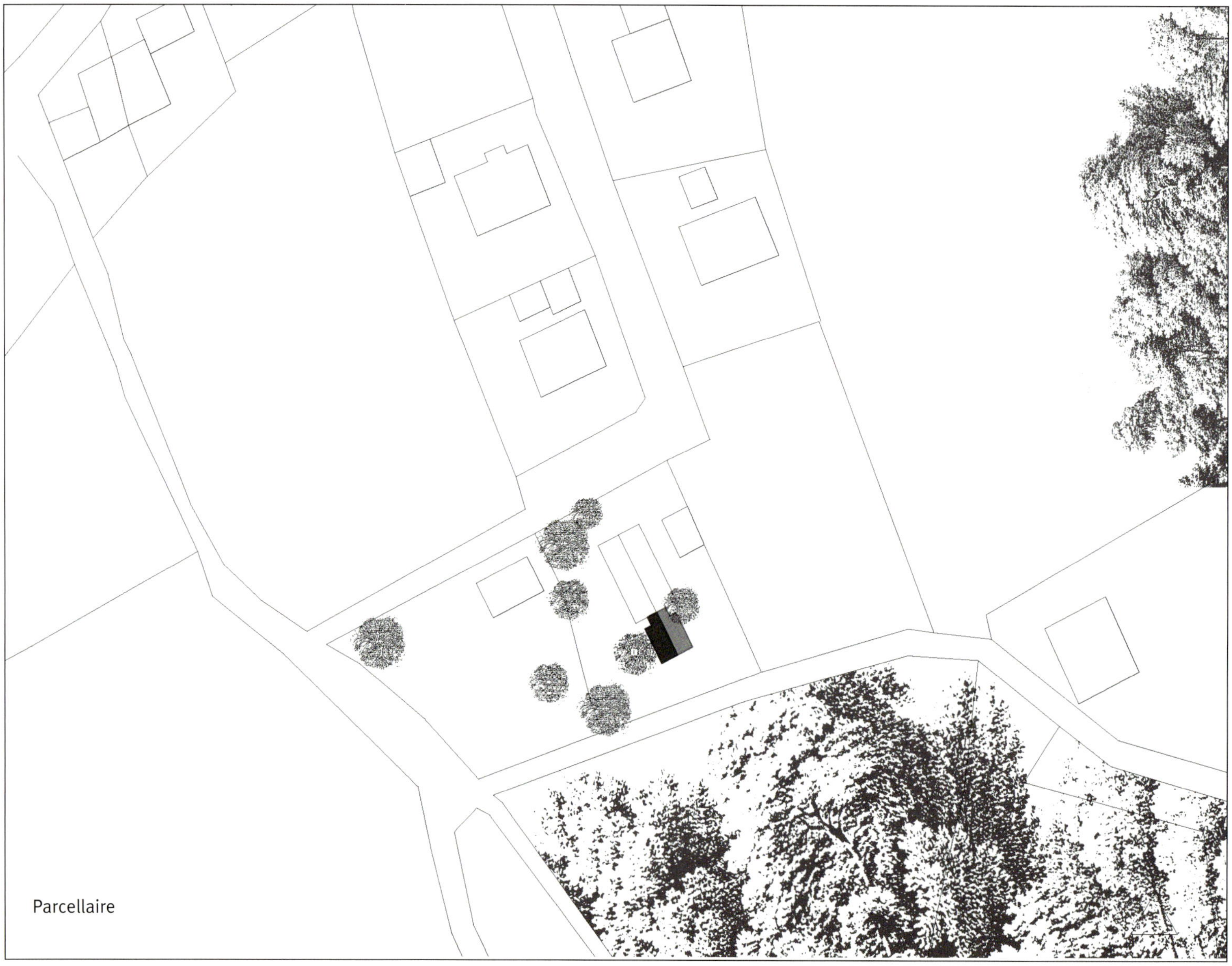
Parcellaire

Façades traditionnelles bavaroises

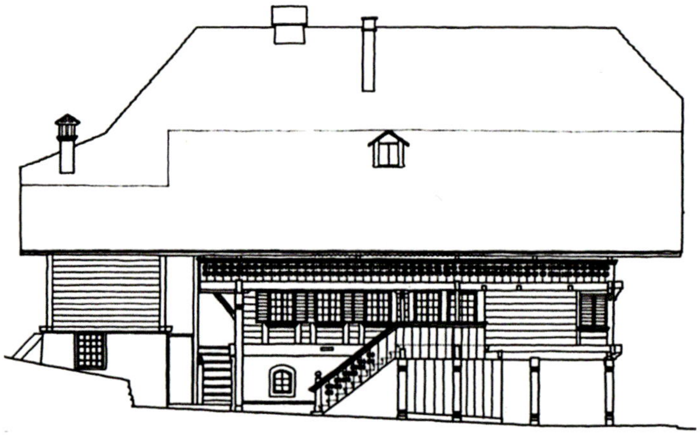

Étage

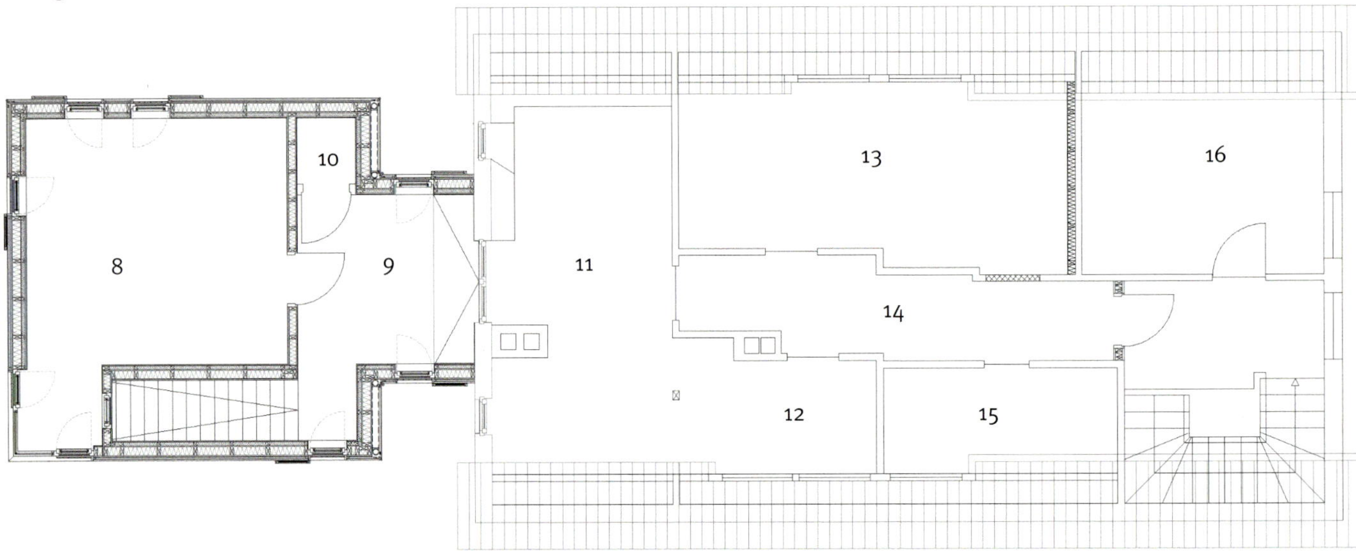

Étage
8 - séjour avec vues sur l'écurie
9 - coin lecture
10 - chambre
11 - séjour/salle à manger
12 - cuisine
13 - chambre
14 - couloir
15 - salle de bains
16 - chambre indépendante
de Mme Fellner mère

Étage

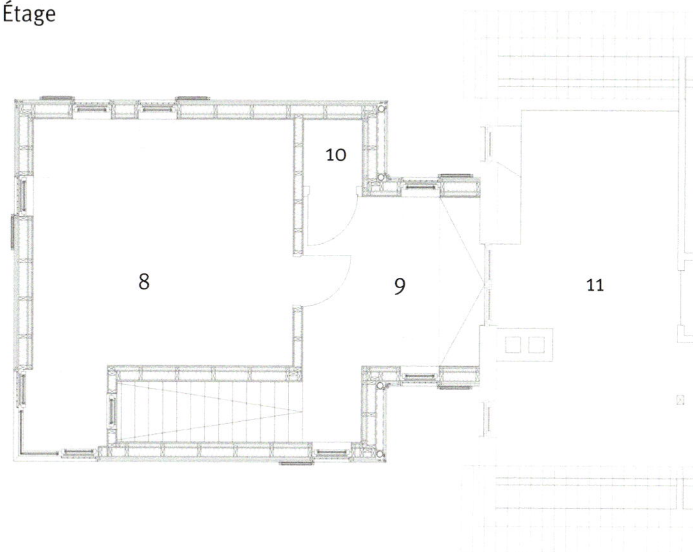

Façade ouest

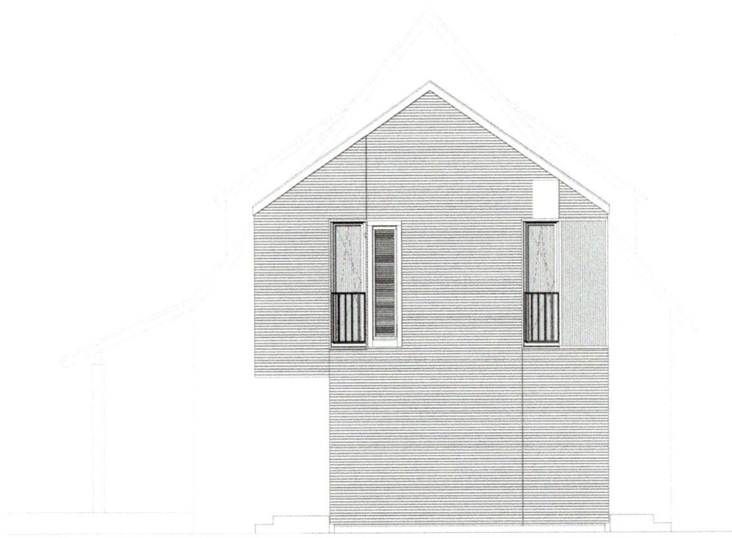

Façade sud

Façade est

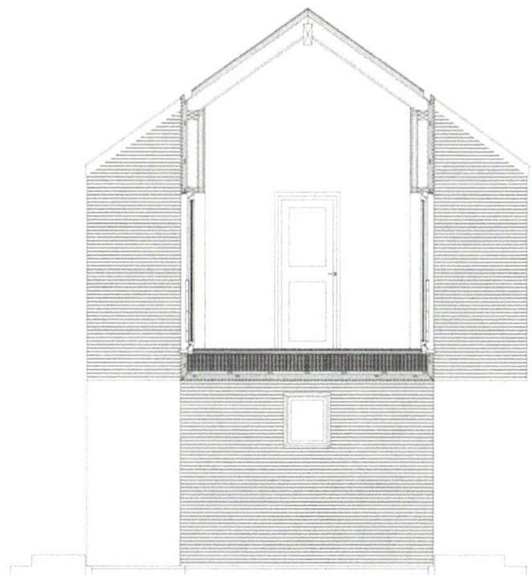

Coupe/façade nord

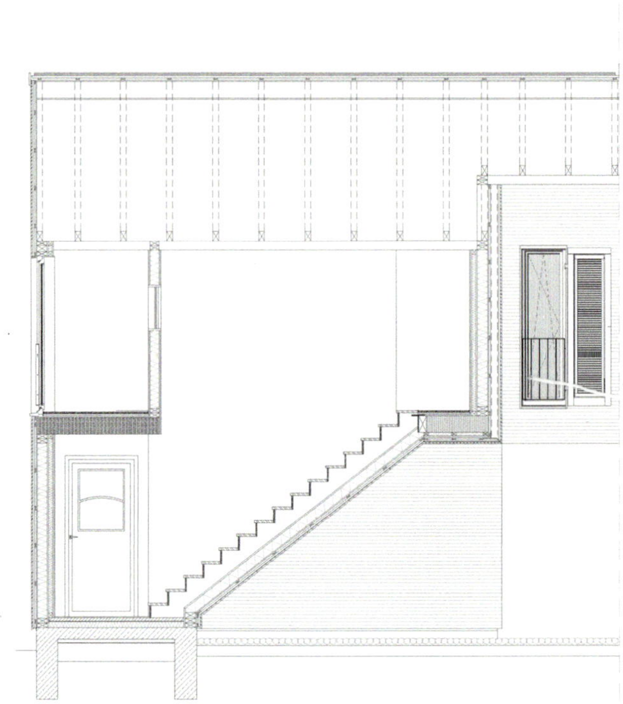

Coupe sur l'escalier

Une extension en porte-à-faux

Architecte : **Ogris : Wanek Architects**
Photographes : **Ferdinand Neumüller et les architectes**
Situation : **Klagenfurt, Autriche**

Le client qui a hérité de cette maison a souhaité la transformer et l'agrandir pour pouvoir y loger sa famille dans des conditions de confort optimales. La maison d'origine, comme la plupart des maisons du quartier, est typique des constructions d'après-guerre : harmonieuse, bien proportionnée, compacte, elle est emblématique d'une architecture souvent sous-estimée. Lors de sa construction, les surfaces ont été réduites au strict minimum : de nos jours, ses dimensions ne permettent pas de répondre aux attentes de toute une famille.

Toute intervention inconsidérée aurait dénaturé la volumétrie du bâtiment d'origine. En créant une extension atypique, les architectes ont apporté une réponse pertinente qui préserve le caractère du bâti existant.

L'extension est implantée sur la façade sud, empiétant sur le jardin créé dans les années 1960. Le volume de l'extension n'est pas visible depuis la rue : cet agrandissement se veut confidentiel.

La nouvelle structure, en porte-à-faux, semble suspendue au-dessus de la terrasse ; la création d'un garage le long de la maison a permis d'assurer le report de charges du bâti. L'ensemble forme une composition harmonieuse et audacieuse qui affirme volontairement les différentes époques de sa construction.

Façade d'origine

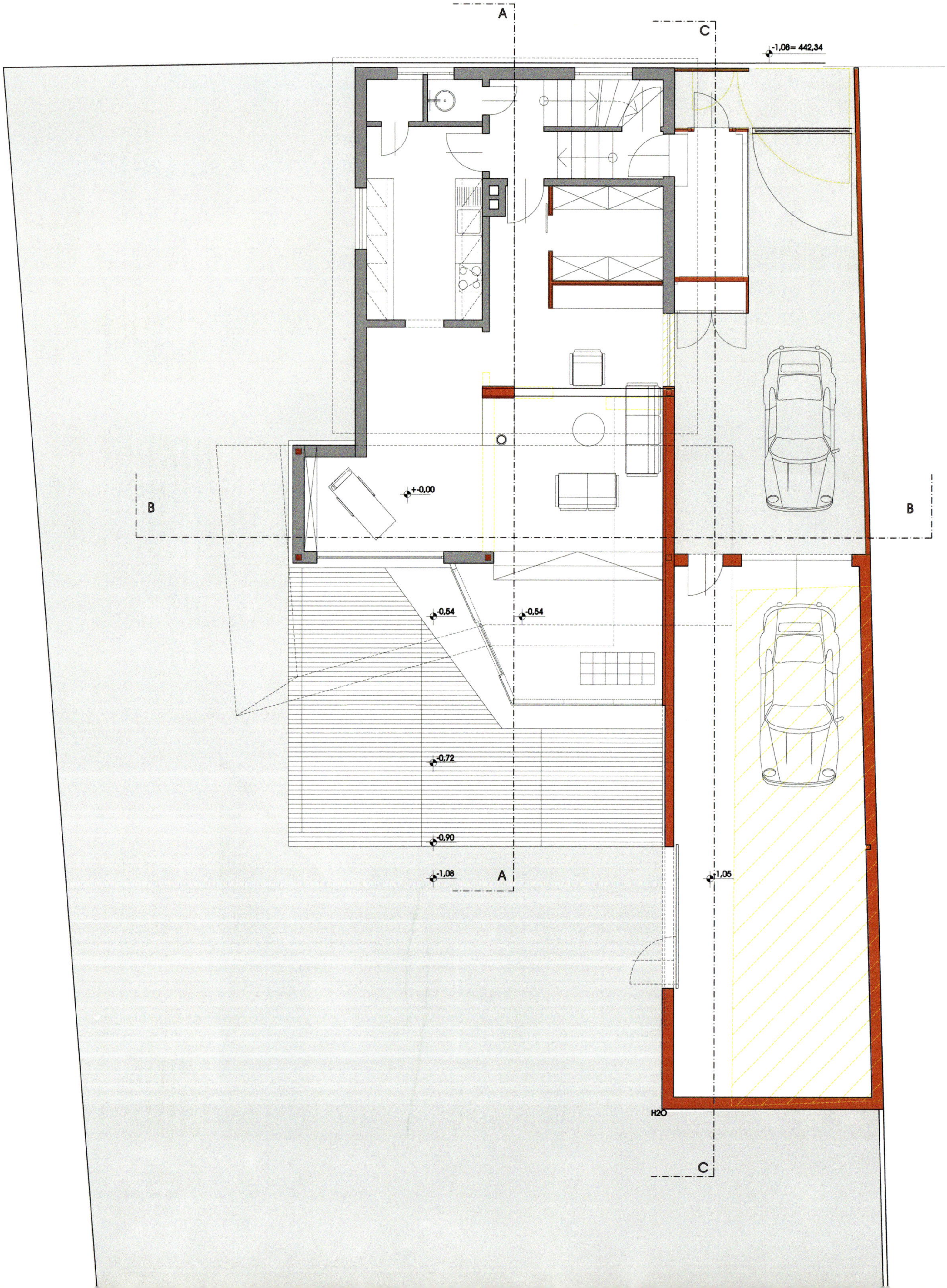
A
C
-1,08= 442,34
+-0,00
B
B
-0,54
-0,54
-0,72
-0,90
-1,08
A
-1,05
H2O
C

Coupe BB

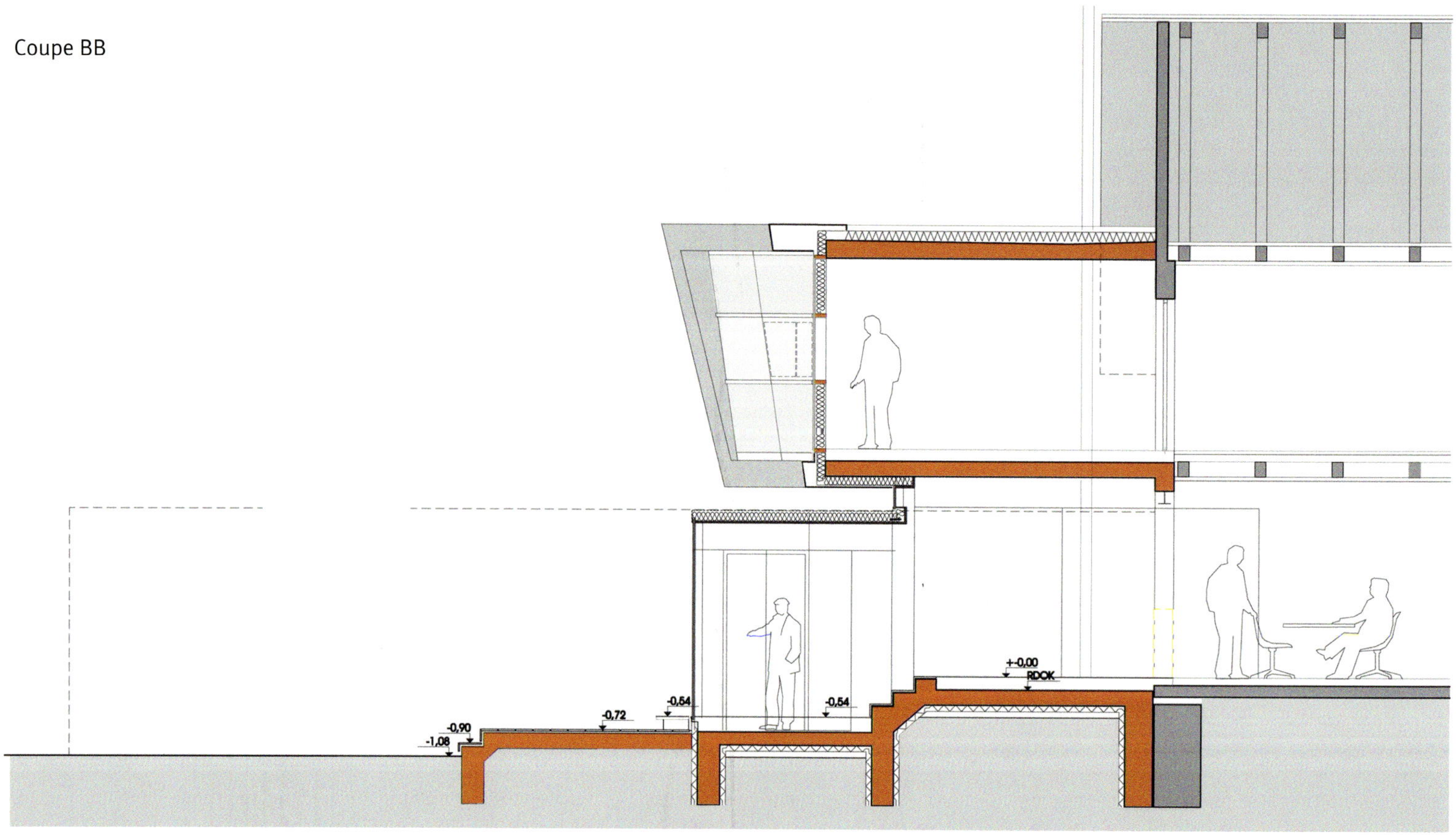

Une copie du passé

Architecte : **UCX architects**
Photographe : **UCX architects**
Situation : **Alblasserdam, Pays-Bas**

Basée à Rotterdam, l'agence d'architecture UCX a été fondée par Ben Huygen et Jasper Jägers. L'agence UCX affiche clairement ses partis pris : ses recherches concernent aussi bien l'architecture que l'urbanisme et le paysage et visent à développer et améliorer notre environnement. Chaque projet de l'agence se caractérise par la lisibilité de son intention qui impose la solution proposée comme une évidence. Selon l'agence UCX, un projet doit créer de l'émotion. L'essentiel est d'inventer un bâti qui possède du caractère et une âme. Ce petit plus peut provenir de la volumétrie comme de l'accentuation d'un détail. De nouvelles formes peuvent surgir au milieu de volumes traditionnels. Un bâtiment doit autant à l'imagination qu'aux connaissances techniques. Plus le bâtiment est hors d'échelle, plus l'émotion est grande.

Cette maison est implantée sur une parcelle située dans un lotissement, sur la crête d'une digue. Depuis 1997, ce secteur est inscrit au Patrimoine mondial de l'Unesco.

L'extension fait nettement référence au bâtiment existant typique de la région : c'est une copie conforme, par sa volumétrie comme par son emprise au sol. Seuls le choix des matériaux et les procédés de construction sont différents, affirmant clairement que près de 120 ans se sont écoulés entre la construction de l'ancienne maison et de son extension. Le bardage de bois et le zinc de la toiture ont pris le relais de la pierre et de la tuile mécanique. Les baies vitrées du premier étage permettent de profiter de vues panoramiques sur les polders et les moulins environnants.

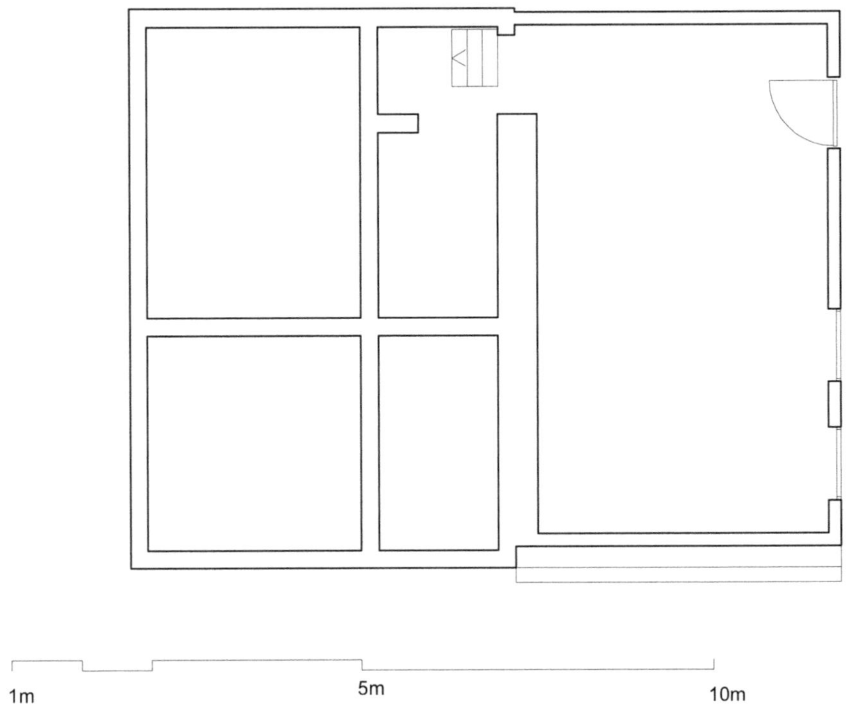
1m
5m
10m

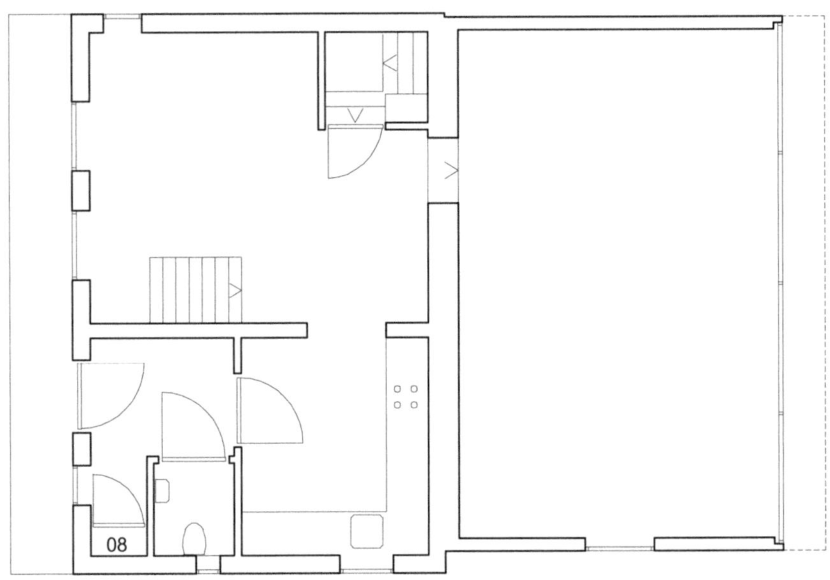
08

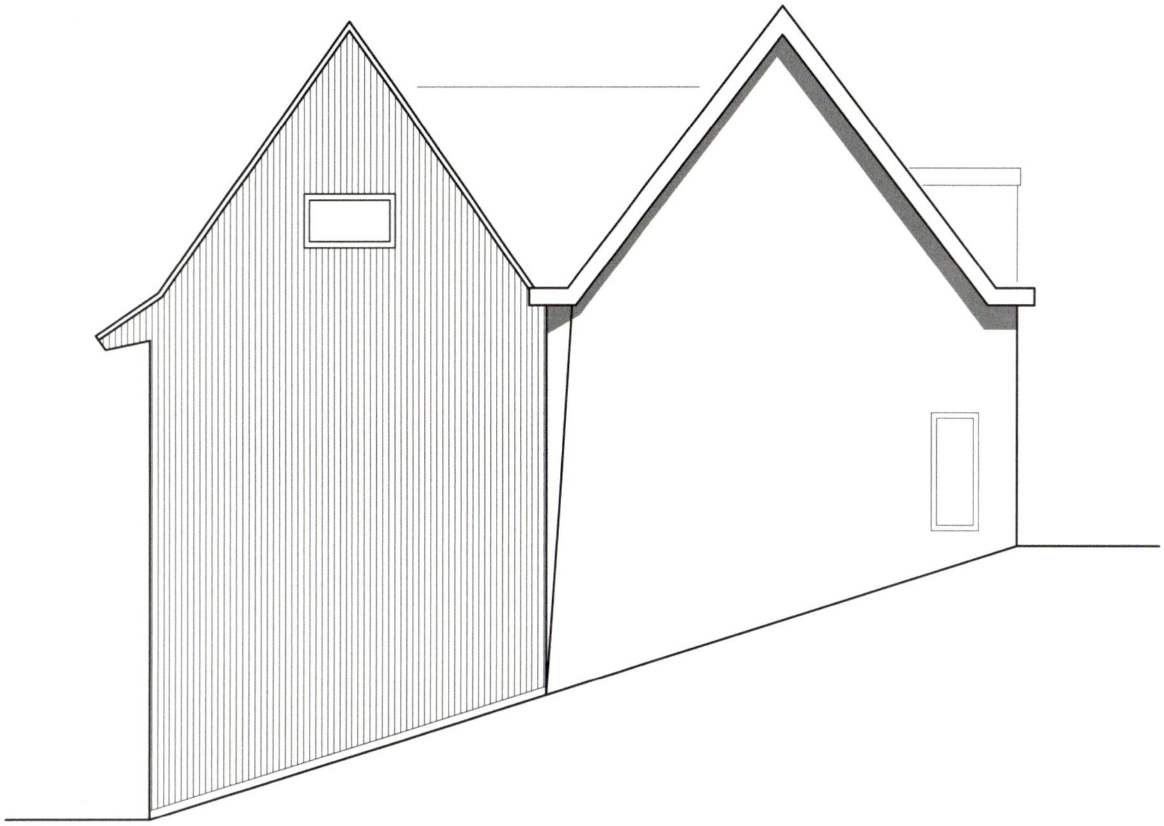

Maison P

Architecte : **Reichardt Architekten BDA**
Photographe : **K. Ravenstein**
Situation : **Essen, Allemagne**

Bâtie dans les années 1950, la maison P était devenue trop juste pour loger les cinq membres de la famille. L'extension se développe le long du pignon du bâtiment existant. Le parallélépipède et la maison sont reliés par un couloir vitré qui crée une sorte de joint creux entre les deux bâtiments. Ce module vitré intègre une salle de bains et mène aux quatre nouvelles chambres créées dans l'extension. Le toit-terrasse comporte des panneaux solaires pour la production d'eau chaude.

Le volume de l'extension est habillé de modules de contreplaqué. La qualité des finitions est extrêmement soignée, que ce soit pour les cadres de fenêtres comme pour les abattants servant à la ventilation. Le volume contraste avec la maison initiale et la distribution des fonctions est clairement établie. Chaque détail a été étudié : la structure de lamellé-collé, l'habillage de contreplaqué, les baies vitrées entourées d'acier.

La structure du bâtiment est conçue sur une trame de 1,10 mètre et posée sur une dalle de béton armé. Les poteaux de lamellé-collé ont une section de 12 x 12 centimètres et les poutres, d'une portée de 3,60 mètres, ont une section de 12 x 24 centimètres. La structure de lamellé-collé est laissée apparente dans toutes les pièces. La construction est couverte par des panneaux de contreplaqué de 7 cm d'épaisseur, qui ont également servi à habiller les murs intérieurs. Le cloisonnement, sans rôle structurel, peut être modifié selon les besoins. L'enveloppe extérieure est une juxtaposition de panneaux de contreplaqué au veinage acajou ; ils sont assemblés par tenons et mortaises, dans la tradition des chantiers navals. Les joints creux entre les panneaux se conjuguent aux rectangles des baies vitrées et aux abattants d'acier pour former une composition graphique très rythmée. Les murs extérieurs surplombent le socle de béton : l'extension semble détachée du sol, alors que l'ancienne maison y est fortement ancrée.

90
96
95
88
92
89
123
124
125
120
121
130
131
126
642
127
132
128
165

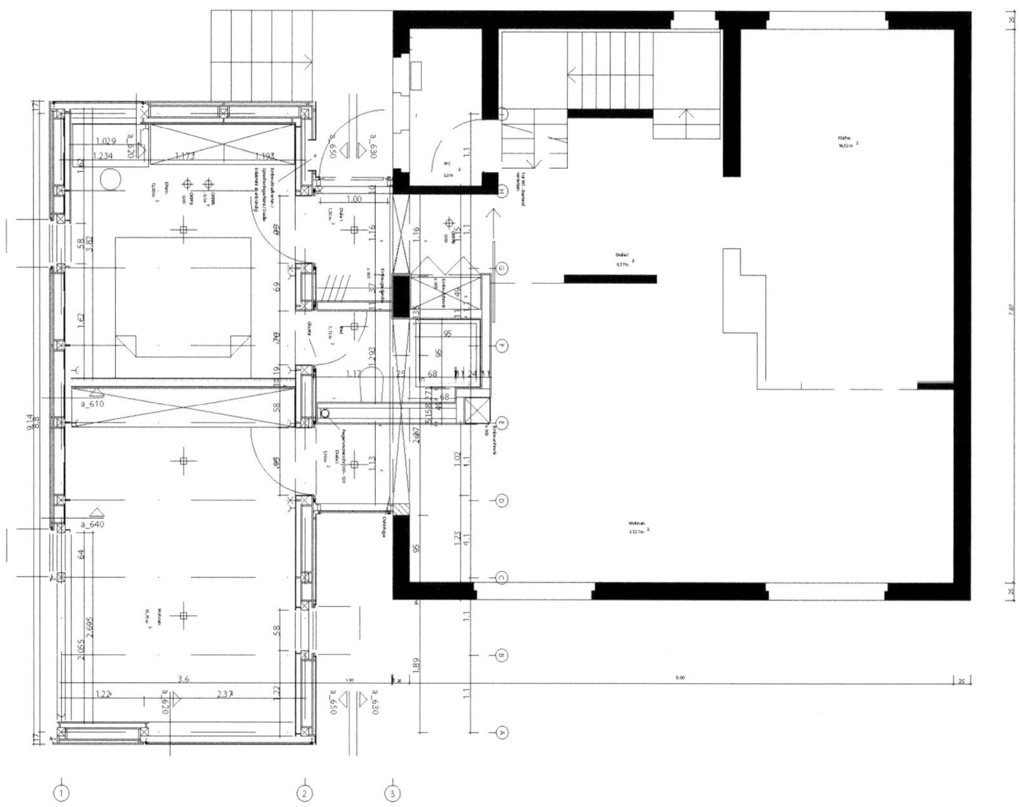

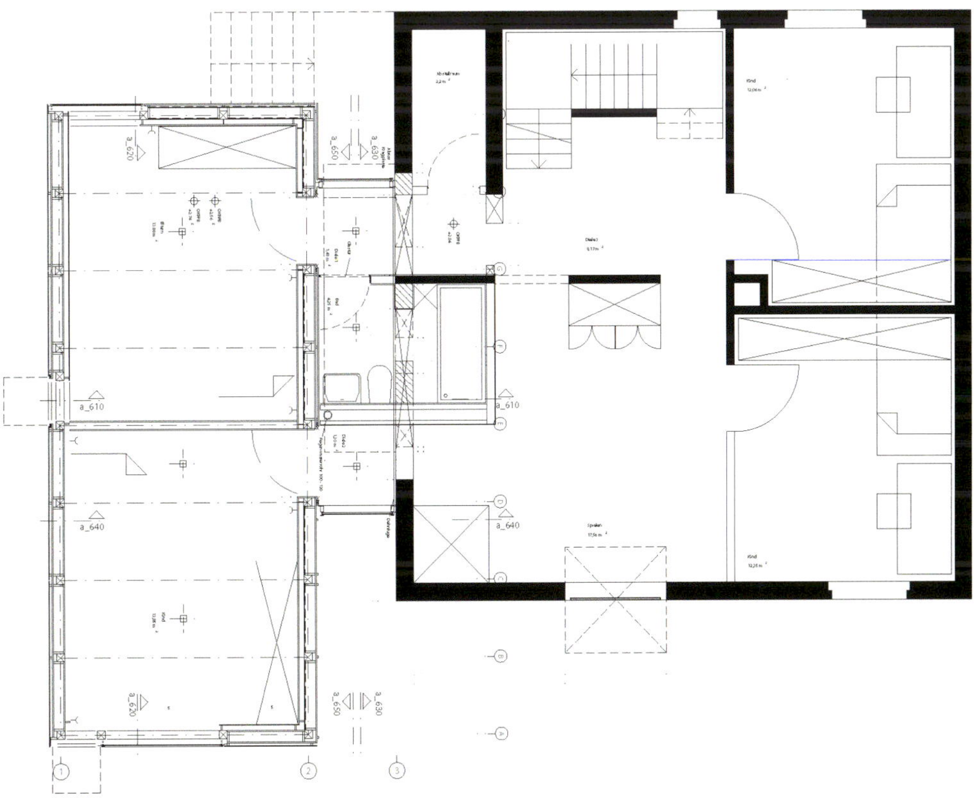
a_620
a_650
a_630
a_610
a_640
1
2
3

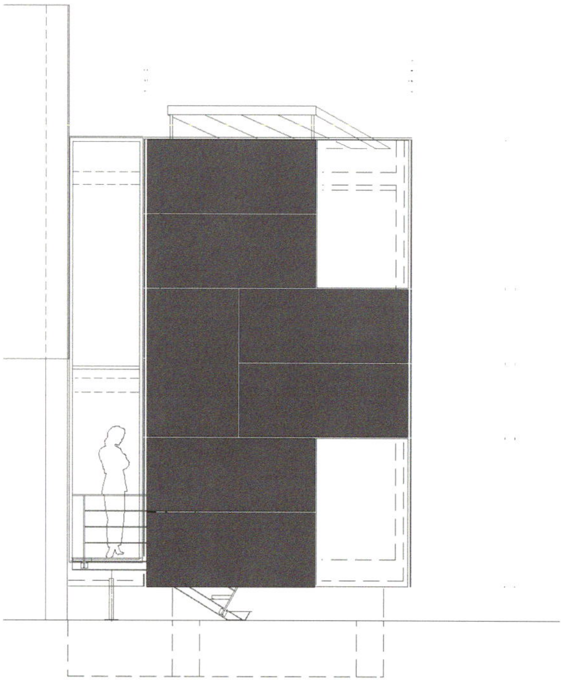

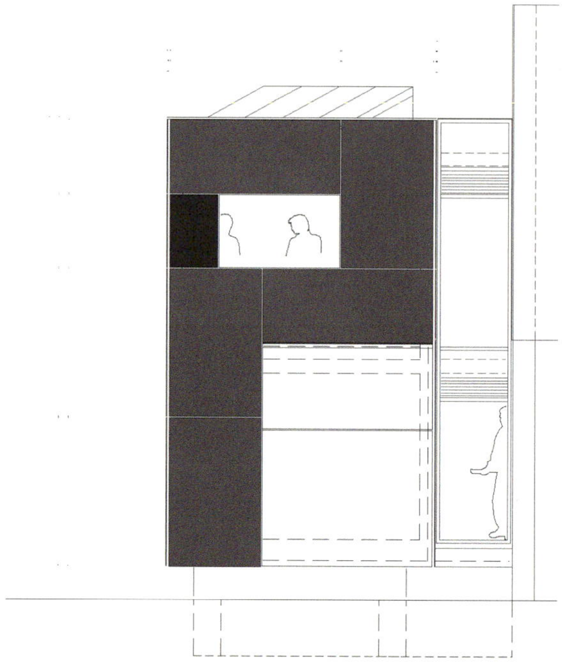

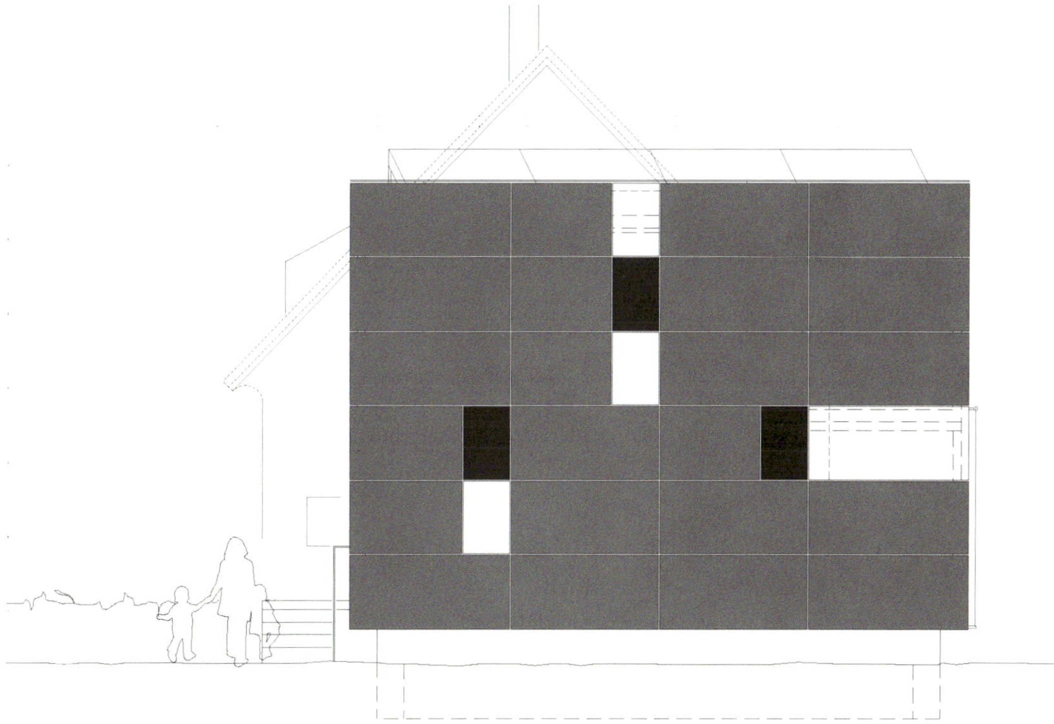

I
H
G
F
E
D
C
B
A
5
6
8
30

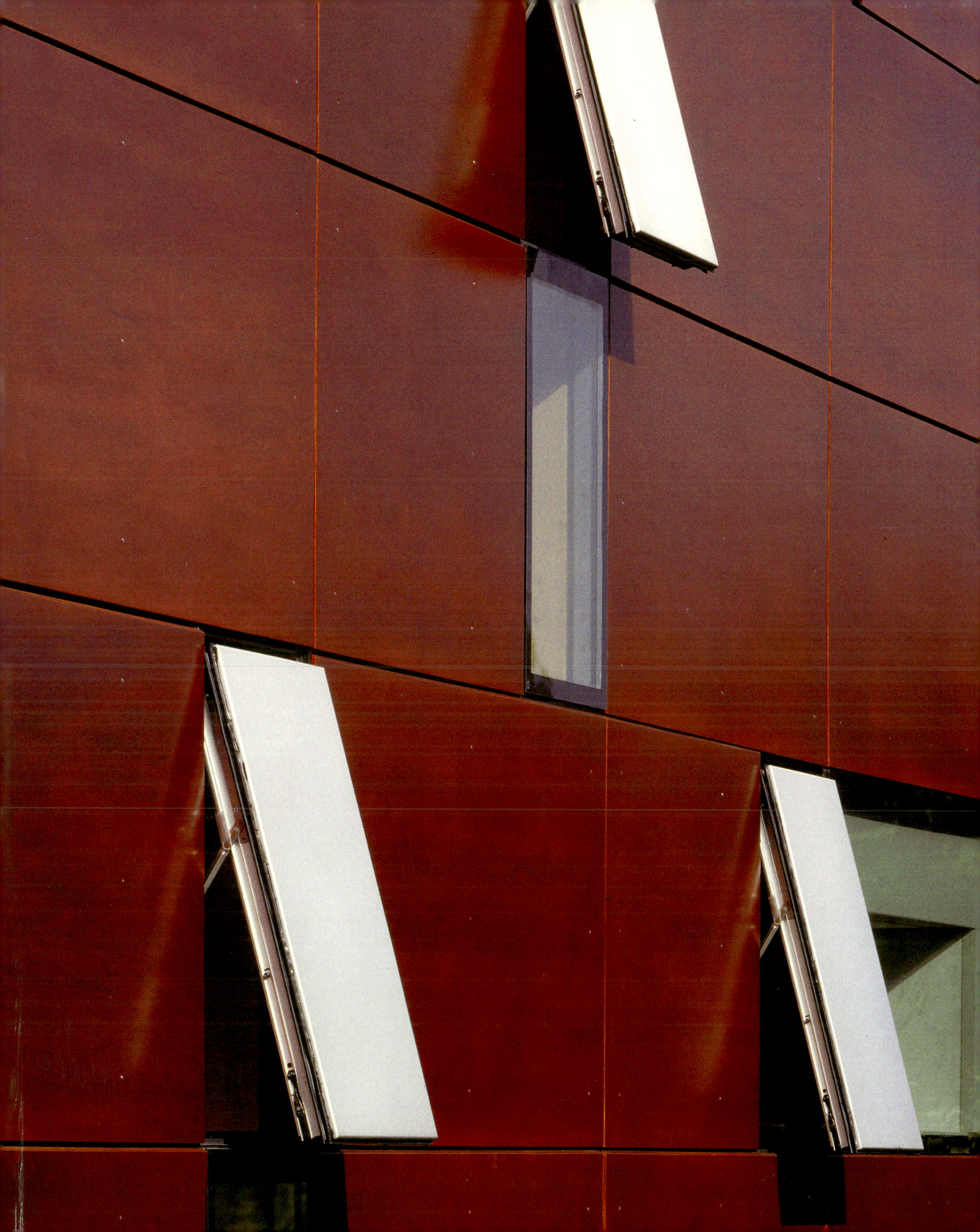